AF325835

MAHOMET ÉTAIT-IL FOU ?

Frédéric Joi

MAHOMET ÉTAIT-IL FOU ?

Max Milo

© Max Milo Éditions
Collection Essais-Documents, Paris, 2012
www.maxmilo.com
ISBN : 9782315003761

*Avec mes plus vifs remerciements à C. M.,
neuropsychiatre, qui m'a ouvert la voie
du diagnostic de Mahomet.*

AVERTISSEMENT DES ÉDITEURS

Cher lecteur, cher ami de toute confession, détends-toi et souris : ce livre ne se prend pas au sérieux. Son projet, lancé il y a deux ans, est un acte de résistance collective, par l'humour surtout, contre tout débordement du discours religieux dans le champ social. Il n'est pas l'effet d'une idéologie partisane, mais il œuvre modestement pour la liberté critique et pour la joie dans le monde. Il n'est pas né d'une volonté d'offenser, mais du ferme souci de défendre un univers pluriel où personne ne se trouve menacé physiquement pour ses idées, fussent-elles fausses, osées ou burlesques. Ces lignes s'inscrivent dans la tradition outrée du pamphlet hérité du rationalisme des Lumières. L'ouvrage fait suite à un *Jésus* tout aussi iconoclaste, et nous ne devons pas oublier que l'Occident éclairé ne manqua pas au xviiie et au xixe siècle de s'attaquer aux excès de son propre judéo-christianisme et de ses tentations hégémoniques. Nous pensons avec l'auteur que le risque pour les Églises elles-mêmes est de confiner à l'intégrisme comme l'illustrent les dérives du christianisme, de l'hindouisme ou de toute autre forme de confusion entre la foi et le gouvernement d'un peuple. Il ne s'agit pas de jouer l'Occident contre l'Orient, mais plutôt la tolérance contre la crainte, la plume contre l'épée et l'humour contre l'esprit de sérieux. Fallait-il renoncer à publier ce texte prévu de longue date au vu des événements récents ? Non, car en matière d'extrémisme religieux, rien n'est vraiment nouveau sous le soleil, et depuis des millénaires, on tue ou on conspue pour un rien. C'est précisément l'objet de ce livre que de montrer le visage que prend la foi lorsqu'elle perd la raison : déformé. À quoi servent les miroirs déformants ? Les enfants le savent : à rire de soi.

INTRODUCTION

« Nous ignorerons toujours sa psychologie
profonde dans les détails. »
Maxime Rodinson[1]

Mahomet est un être fascinant.

Il a d'abord fasciné quelques-uns de ses contemporains, dans sa ville d'origine, La Mecque.

Puis il a fasciné des foules entières, dans sa ville
d'accueil, Médine, et dans la péninsule arabique, de
son vivant.

En l'espace de quelques décennies, il est passé du
statut d'orphelin affamé à celui de puissant chef de
guerre, riche et entouré de belles femmes. Il a unifié le
monde arabe, auparavant écartelé par de constantes
rivalités entre clans.

Et surtout, les foules le considéraient ni plus ni
moins comme le messager de Dieu.

---

1. RODINSON (Maxime), *Mahomet*, Paris, Éditions du Seuil, 1994,
p. 77.

Après sa mort, sa réputation s'est encore accrue. Au fil des siècles, il a fasciné des milliards d'hommes, qui le choisirent comme guide spirituel, et suivirent son modèle de direction politique.

Mahomet est un être fascinant.

Un athée occidental du XXIe siècle ne peut manquer d'être surpris. Comme pour Jésus et les chrétiens[2], nous aimerions comprendre un tel phénomène historique. Nous disposons aujourd'hui de nouveaux outils d'analyse qui devraient autoriser un éclairage inattendu sur un personnage si lointain à nos yeux. Les sciences humaines ont réalisé des progrès extraordinaires. L'histoire, la sociologie, la psychologie, la science politique, la psychiatrie, la psychanalyse, la philosophie, l'anthropologie, etc., nous proposent autant de grilles d'analyse qui permettent d'espérer percer le voile des siècles et des passions humaines.

Une foule de questions se pressent alors. Comment pouvons-nous comprendre ces crises mystiques, durant lesquelles Mahomet entendait Gabriel lui parler au nom de Dieu ? Comment interpréter son incroyable vindicte, qui lui permit de soulever le monde arabe ? D'où vient son sens de l'ordre, qu'il sut imposer à un peuple sans État ? Quelle est l'origine de son caractère quérulent, qui le faisait se révolter contre les injustices et instituer de nouvelles règles ? Comment expliquer son rapport si particulier aux prophètes antérieurs ? D'où lui venaient ses connaissances religieuses ? Comment est-il parvenu à se faire obéir par un peuple querelleur ?

---

2. Voir JOI (Frédéric), *Jésus était-il fou ?*, Paris, Max Milo, 2010.

Plus généralement, comment comprendre qu'il ait pu entraîner ses contemporains, *a priori* réticents, suivi d'innombrables fidèles au fil des siècles, à mourir pour ses idées ? Comment ses paroles ont-elles pu infléchir le cours de l'histoire et fasciner encore aujourd'hui des centaines de millions de gens ?

D'un point de vue scientifique, nous devons aller au-delà des réponses fondées sur l'existence de Dieu. L'athée contemporain se doit d'éclairer par les Lumières de la raison ce phénomène mystique dont les ultimes répercussions pèsent encore sur notre monde moderne.

En guise de mise en situation, à l'attention des Occidentaux, nous souhaiterions proposer un résumé de la vie de Mahomet et du livre issu de ses « révélations ».

Nous pouvons diviser sa vie, d'une soixantaine d'années, en quatre périodes : sa jeunesse (vingt-cinq années), son premier mariage (une quinzaine d'années), ses révélations à La Mecque (une douzaine d'années) et son exil à Médine, avec reconquête de La Mecque (une dizaine d'années).

Vers 570-571, Mahomet naît dans l'actuelle Arabie Saoudite, du côté de La Mecque. À cette époque, la population arabe était composée de commerçants, de paysans sédentaires et de Bédouins nomades[3]. Sans État central, ils vivaient selon un système de clans, régulé par un code de l'honneur, constitué de vendettas, de razzias, de guerres incessantes,

---

3. Voir notamment RODINSON (Maxime), *op. cit.*, chapitre II, « Présentation d'une terre ».

d'asservissements des vaincus. L'historien, sociologue et orientaliste Maxime Rodinson évoque un « bas niveau dans l'échelle des civilisations » dû à « la situation sociale de l'époque, dans le cadre des conditions naturelles extrêmement mauvaises de la péninsule arabique. La faim n'est jamais bonne conseillère et les Arabes avaient souvent faim »[4]. Le taux de mortalité infantile était très élevé. Les mariages étaient arrangés entre familles selon les intérêts claniques, avec des filles très jeunes, aux droits restreints. Les Arabes de cette époque mêlaient polythéisme et superstitions. La Bible demeurait mal connue, seulement à travers les chrétiens et juifs de passage ou résidents, largement minoritaires.

Mahomet appartenait à un clan responsable d'un haut lieu religieux, la « Ka'ba », à La Mecque. Leur nom clanique peut se retranscrire en français de différentes manières : « Quraych »[5], « Quraysh »[6], « Quraïch »[7] ou « Qoraysh »[8]. Mahomet fut orphelin, éduqué par une nourrice puis d'autres membres de sa famille. À l'âge de huit ans, son oncle Abû Tâlib le prit sous son aile et l'emmena dans une caravane commerciale en partance pour la Syrie.

---

4. *Ibid.*, p. 39.
5. Par Wahib Atallah dans sa traduction de HICHAM (Ibn), *La Biographie du prophète*, Paris, Fayard, 2004.
6. Par HUSSEIN (Mahmoud), *Al-Sîra. Le prophète de l'Islam raconté par ses compagnons*, Paris, Grasset et Fasquelle, 2005, collection « Hachette Littérature », tomes I et II.
7. Par Denise Masson dans sa traduction du *Coran*, Paris, Gallimard-NRF, coll. « La Pléiade », 1967-2007.
8. Par RODINSON (Maxime), *op. cit.*

Vers 595, à vingt-cinq ans, Mahomet réalisa un mariage avantageux avec une riche quadragénaire, Khadîja bint Khowaylid. Ils eurent de nombreux enfants, mais aucun garçon ne survécut. Mahomet méditait, lors de retraites ascétiques dans une grotte, et se renseignait sur les religions au hasard des voyageurs de passage. La qualité de ses connaissances religieuses s'en ressentait. Il fit également du commerce en couple avec sa femme, et se montrait compétent, notamment grâce à son caractère organisé et son intégrité.

En 610, vers la quarantaine, Mahomet fut frappé par des « révélations » (*Ayat*, « signes de Dieu ») dans lesquelles il voyait l'ange Gabriel. Au départ, il ne comprenait pas, et doutait fortement. Sa femme l'encouragea. Gabriel revenait souvent le visiter, et le déclarait messager du Dieu unique de la Bible, dont il répétait le plus fidèlement possible le contenu. Trois ans plus tard, il commença à parler autour de lui de sa mission, et tâcha de convaincre ses proches. En une dizaine d'années, il ne convertit qu'une centaine de Mecquois. Dans les premiers temps, il bénéficiait de la protection de son oncle, chef de clan. Quand celui-ci mourut, Mahomet fut de plus en plus oppressé. Il envoya même une petite délégation de ses nouveaux convertis en Abyssinie, et dut occasionnellement se réfugier dans une grotte ou une oasis avoisinantes.

En 622, vers la cinquantaine, Mahomet s'exila plus au nord, à Médine (alors plutôt appelée Yathrib) avec quelques dizaines de fidèles. Ce fut l'hégire (la fuite) qui marqua le début de l'ère islamique. Mahomet dépendait des juifs sur place, plutôt favorables, au départ, à une partie de son message monothéiste. Mais par la suite, ces juifs critiquèrent les connaissances approximatives de Mahomet. Celui-ci s'agaça de leurs moqueries. Il proposa d'autres lois et comportements (de rituels, d'habillement, etc.). Quand il gagna en puissance et prit confiance en lui, il les critiqua en retour, les accusa de ne pas se montrer fidèles à leur propre livre, qu'il prétendait mieux défendre. Au terme de ce renversement[9] de rapports, il fit tuer ces nombreux juifs, devenus opposants dans cette ville d'accueil. Comment était-il parvenu à une position dominante, alors que sa petite communauté de départ était très pauvre ? Il commença par organiser de petites razzias, pour en tirer des butins. Puis il attaqua les caravanes en provenance de La Mecque. Il déclencha une guerre avec les Mecquois, dont les membres de son propre clan. Il convertissait par la force ou la persuasion. Sa réussite croissante lui permit de conclure plusieurs mariages. Il eut beaucoup d'enfants, mais toujours pas de garçon viable. Il s'attacha également à conquérir du pouvoir à l'intérieur de la ville par assassinats ciblés et conversions de tribus. Fort de ses nouveaux fidèles de plus en plus nombreux, il parvint à reconquérir La Mecque par la seule dissuasion d'une armée d'au moins dix mille hommes. Il unifia les Arabes sous l'Islam, par-delà les systèmes claniques de vengeance et d'honneur.

Après sa mort à Médine, en 632, vers la soixantaine, la communauté musulmane ('Umma) recouvrait la

---

9. Voir RODINSON (Maxime), *op. cit.*, p. 220.

quasi-totalité de la péninsule arabique. De grandes conquêtes s'ensuivirent. Mais les traditions claniques n'avaient pas disparu, et furent au contraire encouragées, codifiées et légitimées par une justification suprême, celle de l'existence d'un père absolu. Auparavant, les clans se battaient entre eux, avec éparpillement des décisions politiques entre chefs. Après Mahomet, ils s'en prirent de manière organisée et unifiée aux autres peuples avec de nouvelles convictions religieuses. Ils mêlaient la politique, la religion, le droit, la vie privée familiale, et se soumettaient à des dirigeants uniques sur le modèle de Mahomet – les califes à l'origine, les chefs d'État plus récemment.

Résumons à présent cet outil d'unification arabe, le Coran – son caractère extrêmement répétitif facilite cette tâche. Il fut écrit sous la dictée de Mahomet, suite à ses révélations, sur différents supports qui ont été compilés des années plus tard. Curieusement, ces révélations, sous forme de sourates (chapitres), furent classées par ordre décroissant de longueur, et non par ordre historique. Mais leur évolution chronologique peut être résumée par deux périodes, qui correspondent à ses révélations à La Mecque et celles de Médine. Dans la première se trouvait plutôt « [...] la prédication des vérités suprêmes sur la divinité, le monde et l'homme, l'appel à la réforme intérieure de chacun, l'enseignement de l'histoire de l'action divine vis-à-vis de l'humanité [...] »[10], autrement dit : « Au début, la Voix exposait aux Arabes un message

---

10. RODINSON (Maxime), *op. cit.*, p. 251.

universel déjà connu par d'autres. »[11] Dans la seconde période, « il fallait surtout mobiliser les énergies pour l'action immédiate, dénoncer l'ennemi, réconforter les troupes fidèles, justifier les décisions prises, stigmatiser les traîtres et les hésitants, donner des règles de vie à la communauté des Croyants. [...] on trouve de filandreux et interminables articles de code, exhortations, protestations, proclamations d'un prosaïsme souvent pénible, encombrés de répétions et de fautes de style »[12], autrement dit : « Il s'adresse à une communauté particulière [...] »[13]

La plupart du temps, son style relevait d'une haute poésie. « Nulle langue peut-être n'est plus favorable à une poésie spontanée que l'arabe »[14], ce qui lui confère un caractère obsédant[15]. Ce point ruine d'emblée toute idée d'universalité, tant la forme littéraire de ce texte passe mal à la traduction. Les Arabes gagneraient beaucoup à lire le Coran dans une autre langue, afin de se concentrer sur son contenu. Nous renverrons volontairement à la pagination d'une traduction française[16], et non aux numérotations par sourates et versets.

Venons-en à son contenu.

Le Coran contient trois genres de considérations.

D'abord, il parle de Dieu et des prophètes de la Bible, dans d'édifiants récits. Mahomet répétait à satiété

---

11. *Ibid.*, p. 271.
12. *Ibid.*, p. 251
13. *Ibid.*, p. 271.
14. *Ibid.*, p. 122.
15. *Ibid.*, p. 123.
16. *Le Coran, op. cit.*

qu'il était l'envoyé de Dieu. Les autres prophètes de la Bible l'auraient précédé, et il demeurerait le dernier. Jésus serait seulement l'un d'eux, et non le fils de Dieu. Ce dernier serait unique, omniscient, omnipotent et cause de tout. Un paradis et un enfer seraient promis respectivement à ceux qui obéissent et à ceux qui désobéissent.

Ensuite, il énonce des lois à suivre. Elles sont reprises de la Bible et de la tradition arabe, puis déformées et arrangées par ses soins. Ces lois s'accompagnent d'exhortations à y obéir, pour ne pas dire de menaces agressives. Mahomet édictait une foule de préceptes, comme la quantité de prières quotidiennes, le genre de nourriture licite, le nombre d'épouses autorisé, le traitement à leur réserver, quelques règles économiques sommaires (comme l'interdiction de réaliser des prêts à intérêts), etc. Il s'arrogeait la vérité à tout propos et se targuait continuellement d'être juste.

Enfin, le Coran contient les petites histoires de la communauté, avec encouragements au combat notamment.

CHAPITRE PREMIER
LES CRISES MYSTIQUES DE MAHOMET

> « Vous le croyez fou. Non, ce n'est pas un fou, nous savons ce qu'est la folie, avec ses signes de confusion et ses divagations. »
>
> Al-Nadr ibn al-Hârith[17]

Commençons notre enquête par le cœur même de l'Islam. Mahomet prétendait entendre la voix de Dieu ou de Gabriel, lors de crises tout à fait particulières. Nous disposons de nombreux passages descriptifs de ces révélations, qui lui apparurent vers la quarantaine (en 612, à La Mecque). Elles ne le quittèrent plus jusqu'à sa mort, une vingtaine d'années plus tard, bien que l'intensité et la durée semblent avoir diminué au cours de sa vie. Notons un événement mal daté, durant son enfance dans le désert, où deux anges seraient venus « ouvrir sa poitrine », en retirer son cœur, le nettoyer, le peser, et le remettre à sa place !

---

17. Cité par HUSSEIN (Mahmoud), *op. cit.*, tome I, p. 366.

Nous disposons de peu d'éléments sur son enfance[18]. Nous savons que son père 'Abdallâh mourut aux alentours de sa naissance, et que sa mère Âmina périt à son tour alors qu'il n'avait que six ans[19]. Comme le voulait la tradition, il fut confié dans sa prime enfance par sa mère et les Quraych à une nourrice, Halîma, d'un clan nomade, les Banou Sa'd[20]. Le très jeune Mahomet fut éduqué dans le désert[21]. À la mort de sa mère, son grand-père 'Abd al-Mottalib, âgé de quatre-vingts ans, le recueillit et décéda lui-même deux années plus tard. Mahomet fut en quelque sorte orphelin pour la troisième fois. Son oncle, 'Abd Manâf, encore appelé 'Abû Tâlib, prit soin de l'enfant. « Mais Abû Tâlib était dans le besoin et ses enfants ne mangeaient pas toujours à leur faim. Il arriva à Muhammad de dormir le ventre vide et d'en pleurer silencieusement. »[22] Le contexte culturel et géographique nous confirme que la nourriture demeurait une denrée rare. Nous pouvons raisonnablement imaginer qu'un orphelin ait pu être éduqué « à la dure », recevoir des coups, ou être sous-alimenté, notamment les années de sécheresse accrue.

Passons directement à ses quarante ans. Voici quelques descriptions de ces crises :

---

18. Voir notamment HICHÂM (Ibn), *op. cit.*, p. 25 ; RODINSON (Maxime), *op. cit.*, p. 66.
19. *Ibid.*
20. Voir notamment RODINSON (Maxime), *op. cit.*, pp. 67 et suivantes. Notons que ce même clan est qualifié de « pays sédentaire » dans HICHAM (Ibn), *op. cit.*, p. 54.
21. Voir notamment RODINSON (Maxime), *op. cit.*, pp. 67-69.
22. HUSSEIN (Mahmoud), *op. cit.*, tome I, p. 222.

« Le visage de Mohammad se couvrait de sueur, il était secoué de frissons, il restait une heure inconscient, comme en état d'ivresse. Il n'entendait pas ce qu'on lui disait. Il transpirait abondamment, même par temps froid. Il entendait des bruits bizarres, comme des chaînes ou des cloches ou un bruissement d'ailes. "Pas une fois, disait-il, ne me fut adressée une révélation sans que j'aie cru qu'on m'enlevait l'âme." »[23]

« Au moment où le phénomène [de révélation] va se manifester, il entend un bourdonnement annonciateur : parfois semblable à celui d'un essaim d'abeilles se ruant hors de la ruche et parfois plus métallique comme un tintement de cloche. [...] ses compagnons pouvaient remarquer chaque fois [...] la soudaine pâleur suivie d'une rougeur congestionnée du visage chez Mohammed. D'ailleurs lui-même s'en rendait compte puisqu'il ordonnait qu'on lui couvrît la tête d'un voile, chaque fois que le phénomène avait lieu. [...] Cette précaution ne signifie-t-elle pas que ce phénomène était indépendant de la volonté de l'homme puisque celui-ci se trouvait momentanément paralysé, incapable de se couvrir la face lui-même et gémissant dans un état extrêmement douloureux [...] Seul le visage est congestionné : l'homme gardant par ailleurs une attitude normale, et de toute façon, une liberté intellectuelle bien marquée, au point de vue psychologique, par le fait que Mohammed utilise parfaitement sa mémoire pendant la crise même. Plusieurs événements historiques du phénomène de

---

23. RODINSON (Maxime), *op. cit.*, p. 100.

prophétie semblent échapper complètement à son propre contrôle [...] »[24]

« L'Envoyé de Dieu ne bougeait pas. Mais soudain, il fut saisi des symptômes habituels de la révélation. On l'étendit, on jeta sur lui son manteau et on lui glissa un oreiller de cuir sous la tête. [...] Le Prophète se réveilla enfin et s'assit. Son front était perlé comme par un jour de pluie. »[25] Ensuite, apparemment, il pouvait sortir de chez lui et aller à la rencontre de gens, autrement dit il ne présentait pas de confusion après la crise.

Face à ce phénomène pour le moins déconcertant, Mahomet, comme ses contemporains, commença par rester perplexe. Ils ne pouvaient qu'en ignorer la véritable nature, mais tentèrent de l'interpréter à partir des catégories dont ils disposaient.

Concernant sa crise d'enfance, « ses ennemis chrétiens y voyaient de l'épilepsie »[26].

Au début des révélations de Mahomet, les hommes de sa tribu Quraych délibérèrent sur ce qu'il convenait d'annoncer au monde arabe, avant la saison du pèlerinage. Ils envisagèrent de voir en lui un devin, un fou, un poète ou un sorcier[27]. Le poète était considéré comme un être inspiré par les djinns (des démons)[28]. Notons encore que « les Quraych avaient l'habitude d'insulter le Prophète et de l'appeler "Mudhammam"

---

24. BENNABI (Malek), *Le Phénomène coranique*, Paris, dépôt légal no 67 B 1709, 3ᵉ trimestre, 1976, p. 77.
25. HICHÂM (Ibn), *op. cit.*, pp. 297-298.
26. RODINSON (Maxime), *op. cit.*, p. 81.
27. Voir HICHÂM (Ibn), *op. cit.*, p. 92. Voir le rejet de ces options dans HUSSEIN (Mahmoud), *op. cit.*, tome I, p. 366.
28. *Ibid.*, note p. 310.

("le taré") »[29]. Comme pour Jésus, on trouve une lucidité particulière chez ses proches, qui le connaissaient bien, avant et après l'arrivée des révélations. Relevons cette proposition de médiation tentée auprès de Mahomet par un riche notable de son clan Quraych, durant la période de La Mecque : « [...] si cet être qui te hante et t'obsède est un djinn dont tu ne peux te débarrasser, nous consulterons des médecins et nous dépenserons notre fortune pour t'en guérir. »[30] Ses contemporains envisagèrent encore de voir en lui un simulateur, ou dans leurs termes, un « menteur »[31]. À l'époque toujours, plusieurs tribus disposaient de leur « prophète » attitré, cette catégorie s'avérait donc également disponible[32].

L'intéressé lui-même peina à comprendre ses propres crises, surtout dans les premiers temps. « [...] Muhammad commença à entendre des voix, qui s'adressaient à lui en l'appelant "Muhammad". Il en cherchait l'origine, mais ne trouvait rien. Il finissait par prendre peur et tentait de fuir au loin. [Il disait à sa femme Khadîja :] Je crains de perdre l'esprit. »[33] Il ne voulait pas s'identifier à un poète ou un possédé, et envisagea plusieurs fois de se suicider, en se jetant du haut d'une colline[34]. Son épouse le soutint, convaincue de sa « bonté ». À plusieurs reprises dans le Coran, il

---

29. HICHÂM (Ibn), *op. cit.*, p. 124.
30. *Ibid.*, p. 98.
31. HUSSEIN (Mahmoud), *op. cit.*, tome I, p. 467.
32. *Ibid.*, p. 290.
33. *Ibid.*, pp. 304-305.
34. HUSSEIN (Mahmoud), *op. cit.*, tome I, pp. 310 et 314.

se justifia de ne pas être fou ou possédé, parfois par l'intermédiaire du récit d'un prophète comme Noé[35].

Pour se comprendre lui-même, il envisagea encore la catégorie des « kâhin », pour la repousser[36]. Les kâhin étaient des « devins du désert, eux aussi en route sur les pentes de l'ascension mystique », qui s'exprimaient « en brèves phrases haletantes, éjectées sans doute par violentes saccades, avec des rimes plus ou moins riches [...] qu'on appelle en arabe le "saj'" ou prose rimée »[37].

Finalement, les Arabes de l'époque disposaient d'un large choix de catégories pour rendre compte d'un phénomène aussi inhabituel. Mahomet était-il épileptique, devin (kâhin), taré, poète inspiré par un djinn, sorcier, prophète, possédé ou fou ?

Quand bien même cette dernière catégorie aurait tendance à s'imposer naturellement aujourd'hui, les outils contemporains de la psychiatrie exigent et permettent un diagnostic bien plus précis. Dans une première approche, spontanée, que pourrions-nous dire de tels états ?

L'épilepsie semble devoir être écartée d'emblée, pour cause d'absence de confusion après la crise. Elle consiste en un dysfonctionnement électrochimique du cerveau, en hyperactivité paroxystique, qui ne permet pas d'écouter des voix précises ni de s'en souvenir.

---

35. Voir notamment *Le Coran, op. cit.*, sourate VII, verset 66, p. 189, et verset 184, p. 209.
36. Voir RODINSON (Maxime), *op. cit.*, p. 108.
37. *Ibid.*, p. 108.

Comme Malek Bennabi, nous écartons la schizophrénie[38]. Celle-ci correspond à un état permanent, installé, où l'individu est nettement coupé de la réalité sociale. Les schizophrènes se caractérisent également par l'invention d'un univers bien à eux, contrairement à Mahomet qui se référait sans cesse à celui de la Bible. Nous approuvons encore cet auteur quand il parle du prophétisme comme d'un phénomène objectif indépendant du « moi » humain qui s'exprime. En effet, Mahomet ne semblait pas contrôler ces crises ni cette voix, surtout dans sa première période, à La Mecque. Il nous paraît tout à fait sincère, de bonne foi, lui-même y ayant résisté autant que possible, durant des années, avant de lui céder.

De tels symptômes pourraient encore faire penser à des migraines chroniques. Mais sur le plan psychologique, cette dernière hypothèse ne permettrait pas d'aller plus loin pour interpréter cette voix intérieure, si particulière, précise et riche de significations organisées.

Enfin, des prises de substances seraient susceptibles de déclencher de telles crises, qui se révéleraient de nature « intoxicatoire ». Nous ne pouvons éliminer totalement cette hypothèse. Mais on ne trouve pas la moindre allusion, même indirecte, à la prise d'une quelconque substance, aussi bien dans le Coran que dans les nombreux récits des compagnons de l'intéressé[39].

---

38. Voir BENNABI (Malek), *op. cit.*
39. Voir notamment HICHAM (Ibn), *op. cit.*, et HUSSEIN (Mahmoud), *op. cit.*

Le mystère s'épaissit. Quelles étaient ces crises et cette voix intérieure, indépendantes de sa volonté ?

L'association psychiatrique américaine publie et met régulièrement à jour un *Manuel diagnostique et statistique des troubles mentaux*, qui fait autorité. Ce recueil distingue quinze catégories de maladies mentales, parmi lesquelles se trouvent les « troubles dissociatifs », qui correspondent à l'un des aspects possibles de l'ancienne appellation « hystérie ». Il différencie cinq genres de troubles dissociatifs : amnésie dissociative, fugue dissociative, trouble de dépersonnalisation, trouble dissociatif non spécifié et « trouble dissociatif de l'identité », abrégé en TDI, auparavant appelé « personnalité multiple ». Cette maladie touche moins de 1 % de la population.

La façon dont les Américains interprètent actuellement cette dernière maladie se fonde sur les travaux du psychologue français Pierre Janet, à partir de la fin du XIXe siècle. Celui-ci conçoit la conscience normale comme la synthèse de fonctions psychologiques : les perceptions, les souvenirs, les mouvements, les idées, les émotions ou les sensations organiques (faim, excrétion, etc.). Les chercheurs actuels mettent en relation cette conception avec la neurobiologie « modulaire ». Chaque « module » représente une partie distincte du cerveau qui traiterait spécifiquement l'une de ces fonctions.

Or, dans les troubles dissociatifs, certaines fonctions se séparent du « moi ». Le sujet ne peut plus dire qu'il voit ou entend, il devient « aveugle », « sourd », il perd le contrôle d'un membre, etc. Ces fonctions ne sont plus intégrées au moi.

En l'absence de traitement correct, cette dissociation s'aggrave. D'autres fonctions se séparent du moi, de l'identité principale du sujet, pour se regrouper dans une seconde identité. Celle-ci devient de plus en plus autonome. Elle se forme petit à petit de manière cohérente, mais séparée, comme se constitue la personnalité d'un enfant. C'est le TDI. Par un sordide effet de vases communicants, la seconde identité se renforce en vidant la première de ses fonctions. Les deux identités deviennent indépendantes, et ne peuvent plus apparaître en même temps, sous une même conscience. Elles prennent tour à tour le contrôle du comportement du sujet.

Les symptômes couramment relevés par les psychiatres sont les suivants : attitudes et croyances dissemblables, migraines inexpliquées, diverses autres douleurs somatiques, distorsion ou perte de la notion de temps, colères soudaines sans cause apparente, possibilité de parler de soi-même par un pluriel (« nous » ou « ils »), « déréalisation » (perception de personnes familières ou de l'environnement comme s'ils étaient inconnus ou imaginaires), « dépersonnalisation » (sensation d'irréalité, de détachement de soi et de ses propres processus physiques et mentaux, le patient se sent observateur de lui-même, il a l'impression de ne plus occuper son corps), etc. Dans la mesure où les diverses identités interagissent souvent entre elles, le patient rapporte avoir entendu des conversations intérieures entre d'autres personnes, qui lui sont directement adressées. Bien que ces voix soient vécues comme des hallucinations, elles s'avèrent très différentes de celles des troubles psychotiques comme la schizophrénie. Ces symptômes, avant le XIXe siècle en Occident, étaient interprétés comme une possession par un esprit. Nombre de patients abusent parallèlement de substances illicites ou psychoactives.

Janet avait déjà en partie repéré les causes d'un tel état. Les troubles dissociatifs de l'identité ont la plupart du temps pour origine un traumatisme « chronique » (c'est-à-dire non ponctuel), dans la petite enfance, comme un viol récurrent, une catastrophe naturelle aux effets durables, un grave accident, un deuil (mort d'un parent), une sous-nutrition ou encore des violences répétées (enfant battu, pour un grand pourcentage de TDI). Le jeune enfant se réfugie dans sa propre pensée, dans laquelle il oublie la situation traumatisante.

Ce trouble ne guérit pas spontanément. L'ouvrage médical de référence pour les diagnostics et traitements thérapeutiques de toutes les maladies, le manuel Merck, préconise de faire interagir les identités et favoriser leur collaboration. L'hypnose, que pratiquait Janet, peut y contribuer, en remontant plus rapidement aux causes de dissociation. Ensuite, le psychiatre tâche de reconnecter les identités et de les intégrer dans les relations sociales.

Freud avait également commencé par utiliser l'hypnose pour retrouver les causes traumatiques des hystériques, notamment avec le fameux cas Anna

O.[40] Jugeant qu'on ne remontait pas suffisamment loin dans l'inconscient du patient, il avait inventé la technique des associations d'idées, dites libres, autrement dit la psychanalyse. Pour lui, les hystériques souffrent de réminiscences (de souvenirs refoulés), liées à un traumatisme, le plus souvent sexuel, durant l'enfance[41]. Ils utilisent leur corps comme moyen d'expression de ce conflit inconscient. Dans leur symptomatologie, ils paraissent imiter d'autres maladies, comme l'épilepsie, les paralysies de membres, ou de nos jours plutôt la spasmophilie, les pathologies de peau, etc. Freud précise que cette manière de rendre visible son intériorité peut s'assimiler au travail des artistes[42].

Appliquons ces précieuses connaissances de la psychiatrie moderne à notre cas clinique.

Beaucoup de faits coïncident très étrangement. Mahomet semble avoir bien souffert durant son

---

40. Voir BREUER et FREUD (Sigmund), *Études sur l'hystérie* (1895), Paris, PUF, coll. « Bibliothèque de psychanalyse », 1992, notamment pp. 14-35. Pour un résumé, voir FREUD (Sigmund), *Cinq leçons sur la psychanalyse* (1909), Paris, Payot, coll. « Petite bibliothèque Payot », 1986, première leçon.

41. Voir par exemple le cas de Sabina Spielrein, hystérique battue dans son enfance par son père, événement qui marqua définitivement sa sexualité. Elle fut soignée par Jung puis Freud ; histoire relatée notamment dans le film de CRONENBERG (David), *A Dangerous Method* (2011).

42. Voir notamment FREUD (Sigmund), *Leçons d'introduction à la psychanalyse* (1916-1917), in *Œuvres complètes. Psychanalyse*, Paris, PUF, 2000, tome XIV, leçon XXIII, pp. 389-390. Voir aussi le rapprochement entre art et hystérie, notamment dans *Totem et tabou* (1912-1913), in *Œuvres complètes. Psychanalyse*, Paris, PUF, 2000, tome XI, p. 281.

enfance. Il dut surmonter au moins deux deuils douloureux, à six et huit ans, sans parler de l'ombre portée d'un père absent et sans doute désiré comme indéfinissable idéal manquant. Très vraisemblablement, il dut souffrir de faims chroniques, en cette vaste terre aride, surtout en tant que pauvre orphelin. Ce point serait confirmé par son insistance pathétique à décrire dans ses révélations adultes le paradis avec des ruisseaux, de la verdure et des boissons abondantes[43]. Dans ce cadre pour le moins défavorable, rien n'exclut qu'il ait été fréquemment battu, quand on tient compte des us ombrageux de ces hommes à la main leste. Maints désagréments majeurs furent susceptibles de pousser Mahomet à se réfugier dans un monde de songes, au point de fissurer sa fragile personnalité en cours de formation.

Lorsqu'il fit dire à Moïse : « Ne porte pas tes regards vers les jouissances éphémères que nous avons accordées à plusieurs groupes d'entre eux ; c'est là le décor de la vie de ce monde, destiné à les éprouver »[44], nous retrouvons quelque chose du symptôme de la déréalisation, avec la perception de l'environnement comme s'il était fictif.

Mahomet, dans ses crises, faisait preuve d'une haute poésie. Nous pouvons identifier ici le motif freudien de l'art comme type hystérique d'expression des sentiments intérieurs.

Dans ses révélations apparaissait un très curieux *nous*, chaque fois que Mahomet relisait la Bible et que

---

43. Voir par exemple *Le Coran, op. cit.*, p. 669.
44. *Ibid.*, sourate XX, « Ta. Ha. », verset 131, p. 394.

Dieu intervenait dans une histoire. Il disait au sujet de certains juifs insuffisamment pieux à ses yeux : « Nous les avons punis parce qu'ils ont rompu leur alliance, parce qu'ils n'ont pas cru aux Signes de Dieu, parce qu'ils ont tué injustement des prophètes, et parce qu'ils ont dit : "Nos cœurs sont incirconcis." »[45] Tout au long du Coran, le lecteur peut se demander si ce *nous* désigne Mahomet et Dieu, ou Gabriel et Dieu, ou tous les prophètes passés, ou Dieu seul, mais considéré comme multiple, etc. Il déclarait explicitement reprendre les prophètes de la Bible (Abraham, Moïse, Élie, Noé, Jésus, etc.) : « Je ne suis pas un innovateur parmi les prophètes »[46] et laissait sous-entendre qu'il les imitait : « [...] Le Livre de Moïse était un Guide et une Miséricorde. Mais celui-ci est un Livre confirmant les autres, écrit en langue arabe [...] »[47]

Conformément à la conception freudienne de l'hystérie, Mahomet mimait... des malades. Il imitait les prophètes. Nous avons vu dans notre précédent ouvrage que Jésus était un mégaparanoïaque qui inventait des lois et des entités par projections mythiques de son inconscient collectif[48]. Mahomet, comme un hystérique dont la crise imitait mal l'épilepsie, ne mimait les prophètes que de manière apparente. Il se contentait de reproduire leurs paroles, sans invention, image ou parabole nouvelle. Il plagiait

---

45. *Ibid.*, p. 119.
46. *Ibid.*, verset 9, p. 623.
47. *Ibid.*, sourate XLVI, « Al 'Ahaqaf », verset 12, p. 623 ; sourate XLVI, verset 30, p. 627.
48. Voir JOI (Frédéric), *op. cit.*, chapitre IV, « La mégaparanoïa de Jésus ».

approximativement ses devanciers sur le contenu (le monothéisme, la miséricorde, le savoir divin absolu, etc.), et sur la forme (les promesses et les menaces infinies, les assertions de vérité certaine là où le délire est complet, etc.).

Nous touchons le diagnostic vraisemblable de ces crises. Elles correspondraient exactement à des états de transe dissociative, anciennement appelés « crises d'hystérie », dans le cadre d'un trouble dissociatif de l'identité. D'une part, nous trouvons des symptômes psychiques de « conversion hystérique » (un conflit psychologique se convertit en dysfonctionnement corporel). Ils sont encore appelés « symptômes dissociatifs » : troubles de la mémoire, de l'identité, de la conscience et de la perception de l'environnement (ici, état de transe avec révélations). D'autre part, nous découvrons quelques symptômes physiques de conversion, essentiellement « vagaux » dans le présent cas. Le malaise vagal est dû à l'action trop forte du nerf vagal, qui a pour fonction de ralentir le cœur, d'où une sous-alimentation critique du cerveau. Les conversions sont d'habitude plutôt neurologiques : paralysie, anesthésie, cécité. Enfin, nous trouvons un terrain infantile très « favorable ».

Ce trouble de Mahomet n'apparaît pas comme un problème factice ni une simulation. Celui-ci subissait ces crises. Il mit des années pour les intégrer dans sa vie personnelle, et deux décennies pour les insérer dans ses relations sociales. Aujourd'hui, un psychiatre l'aurait aidé à superposer ces deux identités en une nouvelle unité, et l'adapter à sa vie sociale. Mahomet fit exactement le contraire : il se « soigna » seul, en tâchant d'imposer son identité intruse à tout son peuple... et y parvint. Tel fut son funeste exploit. Il contraignit ses contemporains à admettre qu'il était prophète, le « messager de Dieu » comme il disait.

Notre enquête avance. Comme le fit cet ange halluciné dans son enfance, nous espérons avoir ouvert le cœur de Mahomet. Néanmoins, de nouvelles questions se posent immédiatement. Avec un tel handicap psychologique, une maladie si grave et si rare, comment a-t-il pu convaincre qui que ce soit ? *A fortiori*, comment un individu, fendu en deux identités, a-t-il pu unifier le monde arabe, lui-même si divisé ? Comment a-t-il pu accommoder son peuple à son identité intruse, au lieu d'adapter celle-ci à lui-même et à sa société ?

Si nous avons aperçu le cœur de l'Islam, nous devons de plus comprendre comment il a pu se déployer, d'abord à travers un Mahomet lui-même récalcitrant, puis dans le tissu social de l'époque, plus réticent encore aux paroles de cet étrange Gabriel, adressées à un ventriloque.

CHAPITRE DEUX
LA VINDICTE DE MAHOMET

Jésus se montrait très agressif[49], mais passe pour un enfant de chœur à côté de Mahomet.

D'emblée, ce dernier appartenait à un peuple agressif : « La société arabe [...] n'avait rien contre la guerre et le meurtre, et était très indulgente envers les moyens de la guerre et du meurtre. »[50] C'est avec une remarquable aisance qu'il surpassait ses contemporains, en parvenant au pouvoir comme un « chef suprême et absolu » à la tête d'un parti « politico-religieux », « de vocation totalitaire »[51] nous dit Maxime Rodinson.

Le discours de Mahomet contenait surtout des messages vindicatifs. L'insistance sur l'amour et le pardon, propre à Jésus, avait disparu. Mahomet exhortait à réaliser le « bien », mais ne s'étendait guère sur son contenu, comme s'il allait de soi.

---

49. Voir JOI (Frédéric), *op. cit.*, chapitre III, « La paranoïa de Jésus », pp. 47-60.
50. RODINSON (Maxime), *op. cit.*, p. 250.
51. *Ibid.*, p. 249.

Sans doute l'agressivité commence-t-elle avec une bonne dose de haine, et si possible précoce. Mahomet écrit de sa propre enfance : « Très tôt, je détestai les idoles de Quraysh, comme je détestai la poésie. »[52] Après une enfance difficile, Mahomet sembla conserver toute sa vie cette dent contre son propre clan[53]. Il avait « la haine ».

Celle-ci s'exprima par un sentiment de supériorité, accompagné de condescendance orgueilleuse, de fier dédain et de mépris présomptueux. Il pouvait déclarer sans gêne : « [...] je ne connais pas de jeune Arabe qui annonce à son peuple d'aussi bonnes nouvelles que moi. »[54] Il regardait de haut les non-convertis : « Ce sont des païens. Leur sang ne vaut pas plus cher que le sang d'un chien. »[55] Sa condescendance se teintait de prétention : « Dans quel état, dites-le-moi, étiez-vous lorsque je suis arrivé chez vous ? Vous étiez dans les ténèbres et Dieu vous a éclairés ; vous étiez dans la pauvreté et Dieu vous a enrichis ; vous vous déchiriez entre vous et Dieu a apaisé vos cœurs. »[56]

Cette agressivité hautaine se manifestait également par un sexisme qui est resté attaché au monde musulman. Citons un passage parmi tant d'autres, au sujet du fameux voile : « Dis aux croyantes : de

---

52. HUSSEIN (Mahmoud), *op. cit.*, tome I, p. 206.

53. Voir aussi HICHÂM (Ibn), *op. cit.*, p. 352 ; RODINSON (Maxime), *op. cit.*, p. 113.

54. HUSSEIN (Mahmoud), *op. cit.*, tome I, p. 346.

55. HICHÂM (Ibn), *op. cit.*, p. 308.

56. HICHÂM (Ibn), *op. cit.*, pp. 235, 290, 364 et 383 ; *Le Coran, op. cit.*, pp. 762 et 767 ; HUSSEIN (Mahmoud), *op. cit.*, tome I, pp. 327 et 390.

baisser leurs regards, d'être chastes, de ne montrer que l'extérieur de leurs atours, de rabattre leurs voiles sur leurs poitrines, de ne montrer leurs atours qu'à leurs époux [...] »[57] Que dire du statut de femme-objet manifestement réservé à la femme au paradis, dans lequel... « il y aura là des vierges bonnes et belles »[58]. Sur terre, leur part d'héritage « [...] était la moitié de celle des mâles »[59]. Et le César du sexisme revient à : « [Les femmes] ne doivent point commettre d'action gravement honteuse. Si elles le font, Dieu vous donne l'autorisation de les mettre en quarantaine et de les battre, sans trop d'excès. [...] Attention, traitez bien vos épouses, elles sont chez vous comme des prisonnières qui ne possèdent rien en propre. Elles ne sont chez vous qu'un dépôt que Dieu vous a confié. »[60]

La vindicte de Mahomet s'exprimait encore par la condamnation des divinités multiples, au point qu'une délégation de notables Quraych vint se plaindre à son oncle : « Abû Tâlib, ton neveu a insulté nos divinités, condamné notre religion et accusé d'erreur nos ancêtres. Qu'il cesse cette provocation [...] »[61] Il critiquait sans cesse les autres, comme les chrétiens[62], les juifs[63], les spéculateurs[64], les riches[65],

---

57. Voir *Le Coran*, *op. cit.*, p. 434 ; mais aussi pp. 286, 439 et 523.
58. *Ibid.*, p. 667.
59. RODINSON (Maxime), *op. cit.*, p. 267.
60. HICHÂM (Ibn), *op. cit.*, p. 397.
61. *Ibid.*, pp. 89 et 102 ; HUSSEIN (Mahmoud), *op. cit.*, tome I, pp. 354, 357 et 384.
62. Voir notamment *Le Coran*, *op. cit.*, pp. 228 et 380.
63. RODINSON (Maxime), *op. cit.*, p. 231.
64. Voir notamment *Le Coran*, *op. cit.*, p. 229.
65. Voir notamment RODINSON (Maxime), *op. cit.*, p. 109.

ou les comportements, comme la vanité[66], le respect de la tradition[67], la quête de l'argent et du sexe[68], la morale[69], etc.

Nous avions relevé dans la bouche de Jésus une jolie bordée d'insultes[70]. Sur ce plan, nous ne saurions contester à Mahomet sa fidélité proclamée à la Bible, lui qui relança la mode, avec ses mots à lui. Aux incrédules, il lançait un très simple « Comme vous êtes stupides ! »[71] Nous trouvons aussi une phrase qui serait « amusante », du fait de la contradiction entre sa forme moralisatrice et son contenu immoral, si elle ne s'adressait à des juifs encerclés par ses troupes : « Frères des singes et des porcs, adorateurs d'idoles, m'insultez-vous ? »[72] Nous proposons une petite anthologie de ces insultes en exclusivité : « Ils ne comprennent rien »[73], « Dieu sait, et vous, vous ne savez pas »[74], « ignorants »[75], « [...] qui ne raisonnent pas »[76], « vous réfléchissez peu ! »[77], « Père de l'ignorance » pour un homme appelé « Père de la sagesse » par

---

66. Voir notamment *Le Coran, op. cit.*, p. 219.

67. *Ibid.*, p. 606.

68. *Ibid.*, p. 717.

69. *Ibid.*, p. 754.

70. Voir JOI (Frédéric), *op. cit.*, pp. 55-56.

71. *Le Coran, op. cit.*, sourate XL, verset 62, p. 585. Voir aussi p. 696.

72. HUSSEIN (Mahmoud), *op. cit.*, tome II, p. 349.

73. *Le Coran, op. cit.*, pp. 31, 78, 208 et 238.

74. *Ibid.*, pp. 41 et 209.

75. *Ibid.*, pp. 168, 268 et 647 ; HUSSEIN (Mahmoud), *op. cit.*, tome I, p. 482.

76. *Le Coran, op. cit.*, p. 685.

77. *Ibid.*, pp. 179 et 715.

ses contemporains[78], « menteurs »[79], « inconstant »[80], « ingrat »[81], « leur cœur est malade »[82], « ils perdent la tête »[83], « pervers »[84], « insensé »[85], « singes abjects »[86], « semblable au chien »[87], « les pires des bêtes »[88].

Comme chacun sait, l'agressivité peut aussi se transformer en moutarde, qui montait si souvent au nez de Mahomet[89]. En voici un exemple, sous forme de scène cocasse :

« Muhammad, si Dieu a conçu la Création, qui a conçu Dieu ?

À ces mots, le Messager de Dieu éprouva une si forte colère, que son visage changea de couleur. Il leur parla violemment. Mais Gabriel descendit et lui dit :

– Garde ton calme, Muhammad.

Puis il lui transmit la réponse de Dieu :

– Dis : Il est Dieu l'Unique, Dieu qui est par Lui-même, qui n'engendre pas, qui n'est pas engendré et de qui nul n'est l'égal.

Après que le Messager de Dieu eut récité aux gens le verset que Gabriel venait de lui transmettre, ils lui dirent :

---

78. HUSSEIN (Mahmoud), *op. cit.*, tome I, p. 353.
79. *Le Coran, op. cit.*, pp. 427 et 647.
80. *Ibid.*, p. 509.
81. *Ibid.*
82. *Ibid.*, p. 219.
83. *Ibid.*, p. 5.
84. *Ibid.*, pp. 19, 71, 76 et 195.
85. *Ibid.*, pp. 25 et 647.
86. *Ibid.*, p. 13.
87. *Ibid.*, p. 208.
88. *Ibid.*, p. 215.
89. Voir notamment HICHÂM (Ibn), *op. cit.*, pp. 121, 228 et 406 ; HUSSEIN (Mahmoud), *op. cit.*, tome II, pp. 60, 83 et 103.

– Eh bien, Muhammad, décris-le-nous. Comment est son visage ? Comment sont ses bras, ses avant-bras...

À ces mots, le Messager de Dieu entra dans une colère encore plus forte que la précédente. Alors Gabriel revint, lui répéta qu'il devait garder son calme [...] »[90]

Avançons encore quelque peu du côté obscur de la force, en passant de la colère à la menace : « Écoutez-moi, hommes des Quraych, j'apporte le sabre par lequel vous mourrez égorgés, je le jure par Celui qui tient ma vie dans sa main. »[91] Si la mort ne suffisait pas, les menaces poursuivaient les malheureux contrevenants après la vie[92]. Le Coran, qui d'après son modeste auteur constituerait « le plus beau des récits »[93], regorge de délicieux détails sur l'avenir promis aux récalcitrants : « Annonce un châtiment douloureux à ceux qui thésaurisent l'or et l'argent sans rien dépenser dans le chemin de Dieu, le jour où ces métaux seront portés à incandescence dans le Feu de la Géhenne et qu'ils serviront à marquer leurs fronts, leurs flancs et leurs dos : "Voici ce que vous thésaurisiez ; goûtez ce que vous thésaurisiez !" »[94], « [...] ceux qui seront abreuvés d'eau bouillante qui

---

90. *Ibid.*, tome II, p. 71.
91. HICHÂM (Ibn), *op. cit.*, pp. 96, 227 et 273 ; *Le Coran, op. cit.*, pp. 10, 56 et 125 ; HUSSEIN (Mahmoud), *op. cit.*, tome I, pp. 355 et 466, tome II, p. 357 ; RODINSON (Maxime), *op. cit.*, p. 225.
92. *Le Coran, op. cit.*, pp. 4, 5, 7, 16, 17, 19, 20, 28, 30, 36, 37, 56, 63, 87, 93, 102, 194, 209, 266, 347, 616, 618, 635, 646, 651, 704, 716, 718, 731 et 740.
93. *Ibid.*, p. 569.
94. *Ibid.*, p. 229.

leur déchirera les entrailles [...] »[95], « voici un brasier : il arrache les membres [...] »[96]. Durant ses crises, il avait des hallucinations d'une rare violence. Lorsqu'il chercha un châtiment infernal pour les femmes qui avaient donné à leur mari des enfants conçus avec d'autres hommes, il imagina des « femmes pendues par les seins »[97]. Sans doute préparait-il le manuel du parfait inquisiteur.

Le revers beaucoup plus subtil et insidieux de ces menaces consistait dans des promesses absolument intenables, dans la droite lignée de Jésus[98]. L'agressivité s'y exprimait en tant que désir de contrôle, tant les promesses n'engagent que ceux qui les reçoivent. Mahomet, s'il n'inventait pas ce stratagème, y ajouta quelques touches de son cru, qui prêtent à sourire tant y transparaît le relativisme de sa situation géographique personnelle et de son propre goût pour les jeunes femmes : « Les compagnons de la droite [les élus (*NdA*)] se tiendront au milieu de jujubiers sans épines et d'acacias bien alignés. Ils jouiront de spacieux ombrages, d'une eau courante, de fruits abondants non cueillis à l'avance, ni interdits. Ils se reposeront sur des lits élevés. C'est nous, en vérité, qui avons créé les Houris [vierges célestes d'une grande beauté (*NdA*)] d'une façon parfaite. Nous les avons faites vierges, aimantes et d'égale jeunesse pour les compagnons de la droite. »[99] Mahomet ne

---

95. *Ibid.*, p. 630.
96. *Ibid.*, p. 716.
97. HICHÂM (Ibn), *op. cit.*, p. 146.
98. JOI (Frédéric), *op. cit.*, pp. 53-55.
99. *Le Coran, op. cit.*, p. 669.

cessait de promettre, sans engager de frais, la richesse, l'immortalité, l'effacement des fautes, le bonheur, le paradis, sans oublier la pluie, les rivières et même un fleuve[100].

La vindicte de Mahomet se manifestait encore par un caractère extrêmement autoritaire. En Zeus tyrannique, il faisait s'abattre la foudre des lois et des ordres sans nombre sur ses contemporains. « [...] Mahomet ordonna à ses compagnons et autres musulmans de fuir vers Médine et d'y rejoindre leurs frères les Ançâr »[101]. Il força les Banû Qaynuqâ' à l'exil[102]. À ses fidèles, « il leur donna [...] l'ordre d'attaquer au nom de Dieu »[103]. « Au cours de la bataille de Khaybar, le Prophète interdit aux musulmans quatre choses : il leur interdit de manger de la viande d'âne domestique. Cette interdiction survint au moment où bouillaient les marmites pleines de viande d'âne. [...] Il leur interdit ensuite de manger toute bête sauvage dotée de crocs. Il leur interdit, en troisième lieu, de s'approcher des captives enceintes, afin de ne pas arroser ce qu'un autre avait semé. Il leur interdit enfin de s'approprier ou de vendre quelque butin que ce soit avant la répartition finale. »[104] Ultime marque d'autorité, quand bien même Mahomet « ne refusait jamais rien à son

---

100. *Ibid.*, notamment pp. 4, 7, 13, 16, 36, 53, 63, 80, 90, 94, 100, 102, 109, 178, 199, 244, 245, 272, 360, 518, 550, 611, 616, 629, 630, 637, 639, 642, 652, 669 et 738.
101. HICHÂM (Ibn), *op. cit.*, p. 163.
102. HUSSEIN (Mahmoud), *op. cit.*, tome II, p. 198.
103. HICHÂM (Ibn), *op. cit.*, p. 312.
104. *Ibid.*, pp. 312-313.

épouse »[105], ses propres femmes finirent par obéir à ses ordres : « La menace de répudiation générale [...] fut efficace. Les femmes avaient perdu le goût de contredire le Prophète si vaillamment soutenu par son dieu. Elles le laissèrent agir comme il l'entendait. »[106] D'une façon générale, Mahomet utilisait très couramment l'impératif pour conjuguer ses verbes[107].

Mahomet désirait avec virulence voir son peuple « soumis »[108], notamment en se déclarant chef[109] ou en appelant « blasphème » la désobéissance à ses propres lois[110]. « Qui donc tient son pacte mieux que Dieu ? [...] Ceux qui reviennent à Dieu, ceux qui l'adorent, ceux qui le louent, ceux qui se livrent à des exercices de piété, ceux qui s'inclinent, ceux qui se prosternent, ceux qui ordonnent ce qui est convenable, ceux qui interdisent ce qui est blâmable, ceux qui observent les lois de Dieu... »[111] Nous comprenons pourquoi *soumis* se dit en arabe *moslim* au singulier, *moslimoun* au pluriel (d'où *musulman*). *Soumission* dérive de l'infinitif du même mot, *islâm*[112]. « La Religion, aux yeux

---

105. *Ibid.*, p. 217.
106. RODINSON (Maxime), *op. cit.*, p. 320.
107. Voir ses ordres autoritaires notamment dans : HICHÂM (Ibn), *op. cit.*, pp. 112, 188, 319, 390 et 404 ; HUSSEIN (Mahmoud), *op. cit.*, tome I, pp. 271, 354 et 528 ; tome II, p. 155 ; *Le Coran, op. cit.*, pp. 6, 9, 21, 27, 34, 35, 42, 47, 107, 111, 177, 211, 335, 631 et 710.
108. *Ibid.*, pp. 7, 13, 16, 32, 103, 334, 402, 680, 684, 710 et 748 ; HICHÂM (Ibn), *op. cit.*, p. 182 ; HUSSEIN (Mahmoud), *op. cit.*, tome I, p. 528.
109. *Ibid.*, tome II, p. 48.
110. Voir notamment HUSSEIN (Mahmoud), *op. cit.*, tome II, p. 99.
111. *Le Coran, op. cit.*, p. 243.
112. RODINSON (Maxime), *op. cit.*, p. 221.

de Dieu, est vraiment la Soumission. »[113] Tout comme Jésus qualifiait à raison ses auditeurs de « moutons », nous appellerons les crédules qui suivaient Mahomet les « soumis » – mots péjoratifs pour les Occidentaux démocratiques qui se fondent sur les choix rationnels des individus. Ce système d'ordres absolus d'origine censément divine entraîna une théocratie. Le fidèle Abû Bakr, premier calife après la mort de Mahomet, put s'appuyer sur cette autorité, pour reproduire le même rapport tyrannique instauré par son maître avec les soumis : « Tant que j'obéis à Dieu et à son Prophète, obéissez-moi ; et, si je désobéis à Dieu et à son Prophète, je n'aurai plus droit à votre obéissance. Levez-vous pour la prière. Dieu vous sauve ! »[114] Pour obtenir cette soumission, Mahomet usait du bon vieux moyen politique qui consiste à diviser ses ennemis ou même leurs familles pour mieux régner[115].

Il passait aussi une grande partie de son temps à redresser les torts de tous[116]. Il alla jusqu'à reprocher leur ignorance aux juifs qui n'en crurent pas leurs oreilles, tant il puisait toute son inspiration dans leur Torah :

« Il nous est parvenu que tu as dit : "Vous n'avez reçu que peu de science." Est-ce à nous que tu destinais ces paroles ?

– Oui, c'est à vous. »[117]

---

113. *Le Coran, op. cit.*, p. 62.
114. HICHÂM (Ibn), *op. cit.*, p. 413.
115. Voir notamment *Le Coran, op. cit.*, pp. 175, 212 et 227.
116. HUSSEIN (Mahmoud), *op. cit.*, tome II, pp. 42, 43, 55, 291, 310 et 375 ; *Le Coran, op. cit.*, pp. 20, 21, 606, 677 et 693.
117. HUSSEIN (Mahmoud), *op. cit.*, tome II, p. 57.

Son agressivité trouvait encore à s'exprimer dans une exigence excessive dont il faisait souvent preuve[118] : « Nombreux étaient les compagnons qui priaient assis, tant était forte leur fièvre. Le Messager de Dieu alla les voir et leur dit : "Sachez que la prière assise vaut moitié moins que la prière debout." Alors, malgré leur faiblesse et les souffrances qu'ils enduraient, ils firent l'effort de se mettre debout pour mériter la faveur divine. »[119]

Mahomet se montrait également intolérant : « [...] la dernière recommandation du Prophète fut : "Il ne faut laisser qu'une seule religion dans l'île des Arabes." »[120] Cette intransigeance dégénérait naturellement en communautarisme et en racisme, qui apparaissent dans de nombreux passages : « Ne prenez pas pour amis les juifs et les chrétiens. »[121]

Nous basculons insensiblement du côté obscur de la force, en passant des paroles aux actes. Déjà, à ce stade, Mahomet était la cause de querelles, de bagarres et de déchirements familiaux[122]. La première goutte de sang ne tarda pas à être versée en son

---

118. *Ibid.*, tome II, pp. 92, 144 et 374 ; *Le Coran, op. cit.*, pp. 230 et 588.
119. HUSSEIN (Mahmoud), *op. cit.*, tome II, p. 36.
120. HICHÂM (Ibn), *op. cit.*, pp. 415, 149 et 322. Voir encore *Le Coran, op. cit.*, pp. 228 et 692.
121. *Ibid.*, pp. 135, 430 et 691 ; HUSSEIN (Mahmoud), *op. cit.*, tome II, p. 80. Les juifs chassés de Médine : RODINSON (Maxime), *op. cit.*, p. 226.
122. *Ibid.*, pp. 137 et 205 ; HICHÂM (Ibn), *op. cit.*, pp. 90, 91, 109, 122, 123, 124, 152, 164, 165, 172 et 218 ; HUSSEIN (Mahmoud), *op. cit.*, tome I, pp. 330, 345, 347, 351, 358, 386, 391, 405, 432, 443, 444, 448, 470, 474 et 478, et tome II, pp. 66 et 73.

nom[123]. Comme pour Jésus[124], Mahomet récoltait clairement les fruits de sa propre agressivité[125]. Dès ses premières révélations, lorsque la voix intérieure lui ordonna d'avertir ses proches, Mahomet « craignit que la tâche ne fût au-dessus de ses forces, car elle ne pouvait manquer de provoquer le ressentiment des gens qui lui étaient le plus proches »[126]. C'était pour le moins probable, au vu de son tact auprès de son clan : « [...] il insulta leurs dieux et affirma que leurs pères, morts dans l'erreur, brûlaient dans les feux de l'Enfer. Cela provoqua la fureur des Mecquois »[127]. « [...] la parole de Muhammad est bien un sortilège, au moyen duquel il brise les liens entre fils et père, entre mari et femme, entre frère et frère, entre membres d'une même tribu »[128]. Comme le note Ibn Hichâm : « En somme, à la veille de l'Hégire, les Yathribins et les Mecquois se connaissaient assez bien. Leurs relations étaient amicalement commerciales, plutôt concurrentes, mais jamais conflictuelles. L'arrivée de Muhammad avec sa mission prophétique va progressivement et radicalement modifier ces relations. »[129] Et pour cause : ils vont en arriver à se déclarer la guerre.

Une petite anecdote : Mahomet se permit une fois au moins de faire du chantage à Dieu lui-même, pour gagner une bataille, qui plus est : « Il disait, entre autres

---

123. HICHÂM (Ibn), *op. cit.*, p. 89.
124. Voir JOI (Frédéric), *op. cit.*, pp. 81-89.
125. Voir HICHÂM (Ibn), *op. cit.*, pp. 95-96.
126. HUSSEIN (Mahmoud), *op. cit.*, tome I, p. 343.
127. *Ibid.*, p. 348.
128. *Ibid.*, p. 385.
129. HICHÂM (Ibn), *op. cit.*, p. 171.

prières : "Si mes compagnons périssent aujourd'hui, Seigneur, tu ne seras pas adoré." »[130]

Examinons à présent un trait fort sombre du père de l'Islam : une incommensurable rancune à l'encontre de tous ceux qui doutaient de son message, qui se moquaient de lui ou qui lui plaçaient des bâtons dans les roues, notamment sur le plan politique[131]. Il en voulait tout particulièrement à son propre clan, dont l'hostilité l'avait contraint à fuir La Mecque pour Médine. Il s'adressa même à des cadavres de Quraych après une bataille, malgré sa rancune assouvie : « Vous n'avez pas respecté le lien tribal qui vous unissait au prophète sorti de votre propre tribu. Vous m'avez traité de menteur alors que les autres m'ont cru ; vous m'avez exilé et les autres m'ont accueilli ; vous m'avez combattu et les autres m'ont soutenu. »[132] Mahomet n'oubliait jamais les offenses subies. 'Ubqa ibn Abû Mu'ît lui avait craché au visage et une autre fois déversé un sac d'immondices sur les épaules durant une prière à la Mosquée. Dès que l'occasion se présenta, bien des années après, Mahomet le fit décapiter[133]. Al-Nadr ibn al-Hârith s'était complu, des années avant l'Hégire, à tourner Mahomet en dérision. Il prétendait pouvoir raconter des histoires plus belles et plus dignes d'intérêt que lui. Des années plus

---

130. *Ibid.*, p. 203.

131. *Ibid.*, pp. 124, 125, 191, 220, 258, 332 et 339 ; *Le Coran, op. cit.*, pp. 239, 269, 400, 558, 574, 618 et 621 ; HUSSEIN (Mahmoud), *op. cit.*, tome I, pp. 470 et 478, tome II, pp. 48, 77 et 284 ; RODINSON (Maxime), *op. cit.*, p. 194.

132. HICHÂM (Ibn), *op. cit.*, p. 210.

133. HUSSEIN (Mahmoud), *op. cit.*, tome II, pp. 164-165.

tard, Mahomet lui réservera le même sort[134]. L'ancien scribe de ses révélations, 'Abdallâh ibn Sa'd, qui l'avait quitté parce qu'il s'était aperçu que des phrases de son cru pouvaient être avalisées par Mahomet, encourra durant des années les foudres de sa rancune. Son frère de lait, « 'Othmân, demanda la grâce de cet homme qui représentait ce que les semeurs d'idéologies haïssent le plus : la critique rationnelle lucide. 'Othmân insista tant que le Prophète finit par céder, mais il dit ensuite aux assistants : "Je me suis tu longtemps. Pourquoi l'un de vous n'a-t-il pas tué ce chien ?" »[135] De tels exemples sont légion, notamment avec les poètes qui s'étaient moqués de lui[136]. Mahomet se montrait si rancunier que sa conception de Dieu en était manifestement affectée, au rebours de la tradition chrétienne qu'il prétendait prolonger : « Dieu est puissant, il est le Maître de la vengeance. »[137] Il rêvait, par son dieu interposé, de revanche absolue : « Le Jour où la terre sera remplacée par une autre terre, où les cieux seront remplacés par d'autres cieux. Les hommes seront alors présentés à Dieu, l'Unique, le Dominateur suprême ! Tu verras, ce Jour-là, les coupables enchaînés deux à deux. Leurs tuniques seront faites de goudron ; le feu couvrira leurs visages. »[138] L'anecdote suivante y ajoute l'absence de pitié : « [...] sa rancune se déchaîna contre deux hommes qui avaient dirigé contre lui des attaques intellectuelles. Ils s'étaient informés à

---

134. *Ibid.*, tome II, pp. 165-166.
135. RODINSON (Maxime), *op. cit.*, p. 297.
136. HICHÂM (Ibn), *op. cit.*, p. 366.
137. *Le Coran, op. cit.*, p. 60. Voir aussi pp. 634 et 696, par exemple.
138. *Ibid.*, pp. 314-315.

des sources juives et iraniennes, lui avaient posé des questions difficiles. Ils s'étaient moqués de lui et de ses messages divins. Ils n'avaient pas de pardon à attendre. Il ordonna de les exécuter. L'un d'eux lui dit : "Et qui s'occupera de mes garçons, Mohammad ?" Il répondit : "L'Enfer !" »[139]

Avec une telle agressivité à fleur de peau, nul ne sera surpris d'apprendre que Mahomet faisait peur[140], ni qu'il faisait culpabiliser ses proches[141].

Avant d'entrer dans les nombreux exemples de noirs passages à l'acte, prenons la peine de pointer un fait important. Mahomet reprit la scission de Jésus, concernant sa propre communauté[142]. En effet, il dispensait récompenses, amour, bonheur, etc., à ceux qui lui obéissaient, et réservait toute la violence de son agressivité aux autres. Ce traitement contradictoire put s'étendre jusqu'à diviser les juifs entre eux, ainsi que les chrétiens, en « bons » et « mauvais », selon qu'ils appliquaient bien ou mal (sa propre interprétation de) la Bible[143] : ils croyaient soit « correctement », soit « non correctement ». Comme Jésus, il se montrait extrêmement exigeant, et fustigeait le moindre relâchement dans la croyance[144]. On parvint à une situation à peine croyable : les règles de

---

139. RODINSON (Maxime), *op. cit.*, p. 200.
140. HICHÂM (Ibn), *op. cit.*, pp. 96, 136 et 230 ; RODINSON (Maxime), *op. cit.*, p. 203 ; HUSSEIN (Mahmoud), *op. cit.*, tome II, p. 165.
141. *Le Coran, op. cit.*, p. 545.
142. Voir notamment JOI (Frédéric), *op. cit.*, pp. 120-121.
143. *Le Coran, op. cit.*, pp. 138-139.
144. Voir JOI (Frédéric), *op. cit.*, pp. 73-74.

bonté ne s'appliquaient qu'à l'intérieur de la 'Umma, ce qui sous-entendait le droit de défouler son agressivité, de voler, tuer, violer, etc., à l'extérieur ! « L'homme devra donc croire à Allah et à son Prophète, pratiquer le bien, c'est-à-dire ce qu'Allah a ordonné, éviter le mal, c'est-à-dire ce qu'Allah a interdit. Il devra être généreux, bon, bienveillant, respectueux envers ses parents, honnête, poli, juste, s'abstenir du meurtre et du vol ainsi que de la fornication, c'est-à-dire des relations sexuelles non autorisées, observer les interdits alimentaires. Il devra faire preuve d'esprit de solidarité au sein de la communauté. »[145] En bref : bienveillance à l'intérieur, guerre aux autres[146]. L'Islam avait besoin d'ennemis pour écouler son agressivité à l'extérieur, à l'instar des États en temps de crise et des dictatures en permanence.

Pour commencer avec les violences, chacun sait que Mahomet encourageait les châtiments corporels : « Frappez la débauchée et le débauché de cent coups de fouet chacun. N'usez d'aucune indulgence envers eux afin de respecter la Religion de Dieu ; [...] un groupe de croyants sera témoin de leur châtiment. »[147] Au sujet des femmes : « Admonestez celles dont vous craignez l'infidélité ; reléguez-les dans des chambres à part et frappez-les. »[148] « Tranchez les mains du voleur

---

145. RODINSON (Maxime), *op. cit.*, pp. 281-282.
146. Voir notamment *Le Coran, op. cit.*, pp. 222 et 640 ; HUSSEIN (Mahmoud), *op. cit.*, tome II, pp. 47-48 ; RODINSON (Maxime), *op. cit.*, pp. 183, 185, 187, 238 et 263.
147. *Le Coran, op. cit.*, p. 430. Pour le fouet, voir aussi HICHAM (Ibn), *op. cit.*, p. 298.
148. *Ibid.*, p. 99.

et de la voleuse [...] »[149] Il encourageait la lapidation, dont il requit l'application à quelques occasions[150]. D'autres fois, il ordonna de détruire des idoles[151] et des lieux sacrés[152].

Ses directives les plus odieuses concernaient le meurtre[153], et furent bien souvent réalisées[154]. Ces assassinats commandités servaient ses desseins politiques en visant ses opposants, en digne dictateur qui se respecte[155]. De manière très cynique, il alla jusqu'à faire assassiner un prisonnier de guerre, afin d'épouser sa belle et jeune femme, violant au passage sa propre interdiction de se marier à une captive avant la fin de sa période menstruelle en cours[156]. Lors d'une hallucination, un mystérieux voyageur lui donna pour mission de décapiter les siens[157]. Il alla jusqu'à ordonner un génocide : « Le Prophète recommanda à ses compagnons : "Tout juif qui vous tombe sous la main, tuez-le." Ainsi, lorsque le Prophète l'emporta sur les juifs des Banû Quraydha, il prit près de quatre

---

149. *Ibid.*, p. 132.
150. Voir notamment HUSSEIN (Mahmoud), *op. cit.*, tome I, p. 25 ; tome II, pp. 62 et 403.
151. HUSSEIN (Mahmoud), *op. cit.*, tome I, p. 329.
152. HICHÂM (Ibn), *op. cit.*, p. 372.
153. Voir notamment HICHÂM (Ibn), *op. cit.*, pp. 212, 230, 282 et 288 ; *Le Coran, op. cit.*, pp. 36, 647, 696 et 771 ; HUSSEIN (Mahmoud), *op. cit.*, tome I, p. 428 ; tome II, pp. 258, 271, 276 et 358 ; RODINSON (Maxime), *op. cit.*, p. 203.
154. Voir notamment HUSSEIN (Mahmoud), *op. cit.*, tome II, p. 275 ; RODINSON (Maxime), *op. cit.*, p. 229.
155. *Ibid.*, p. 189.
156. *Ibid.*, p. 289 ; HICHÂM (Ibn), *op. cit.*, p. 401.
157. HUSSEIN (Mahmoud), *op. cit.*, tome I, p. 286.

cents prisonniers et donna l'ordre de leur trancher la gorge. »[158]

À maintes reprises[159], Mahomet sous-entendait lourdement que le meurtre est juste dans certains cas, au nom de Dieu bien entendu : « Ne tuez personne injustement, Dieu l'interdit. »[160]

Bien souvent, ce qui ne demeurait que des souhaits de vengeance fut suivi de mises en acte bien réels[161]. Un jour, il insista plusieurs fois pour éliminer un poète qui l'avait simplement vexé, et autorisa même à enfreindre un interdit divin pour surprendre lâchement sa cible :

« Le Messager de Dieu dit alors :

– Seigneur, délivre-moi de Ka'b ibn al-Ashraf, ainsi que des poèmes qu'il compose et va récitant partout. Qui se chargera de cet homme qui me fait tort ? [...]

– Pour parvenir à tuer cet homme, nous te demandons la permission de mentir.

Le Messager de Dieu répondit :

– Faites. »[162]

Plus prosaïquement, Mahomet souhaitait décapiter[163] : « Par Celui qui tient l'âme de Muhammad

---

158. HICHÂM (Ibn), *op. cit.*, p. 232.
159. *Ibid.*, pp. 169, 344 et 476 ; *Le Coran, op. cit.*, p. 183 ; HUSSEIN (Mahmoud), *op. cit.*, tome I, p. 48.
160. *Ibid.*, tome I, p. 480.
161. RODINSON (Maxime), *op. cit.*, pp. 286, 298, 366 et 405 ; *Le Coran, op. cit.*, p. 36 ; HUSSEIN (Mahmoud), *op. cit.*, tome II, pp. 164-165 ; RODINSON (Maxime), *op. cit.*, p. 200.
162. HUSSEIN (Mahmoud), *op. cit.*, tome II, pp. 202-203.
163. HICHÂM (Ibn), *op. cit.*, p. 385.

entre Ses mains, j'ai pour mission de couper des têtes. »[164]

Il faisait preuve d'un incontestable sadisme[165]. Il prenait plaisir à voir une tête décapitée[166], assister à la guerre[167] ou entendre les noms des morts Quraych après une bataille[168]. Il décrocha la timbale lorsque son oncle Abû Tâlib fut mourant et demanda à son riche neveu quelque remède venu du paradis pour le soulager. C'était peu demander. Ce parent l'avait adopté à huit ans, longuement éduqué, puis protégé des Quraych après les révélations. Il eut pour seul tort d'avoir refusé de se reconvertir. La réponse du neveu ingrat fut cinglante, à deux reprises qui plus est : « Dieu a interdit aux infidèles toute nourriture ou boisson venant du Paradis. »[169]

Mahomet recourait allègrement à la torture[170], notamment sur « les prisonniers pour servir d'exemple »[171].

Le sombre crescendo vers l'horreur se poursuit avec un très manifeste encouragement aux razzias, aux batailles et à la guerre[172]. On trouve dans le Coran une

---

164. HUSSEIN (Mahmoud), *op. cit.*, tome I, p. 444.
165. Voir notamment *Le Coran, op. cit.*, pp. 247, 410 et 739.
166. RODINSON (Maxime), *op. cit.*, p. 222.
167. HICHÂM (Ibn), *op. cit.*, p. 351.
168. HUSSEIN (Mahmoud), *op. cit.*, tome II, p. 160.
169. *Ibid.*, tome I, p. 416. Sur la mort d'Abû Tâlib, voir pp. 415-419, en particulier la note finale du commentateur, p. 419.
170. HICHÂM (Ibn), *op. cit.*, pp. 197, 206 et 317.
171. RODINSON (Maxime), *op. cit.*, p. 284.
172. HICHÂM (Ibn), *op. cit.*, p. 163 ; *Le Coran, op. cit.*, pp. 79, 104, 105, 214, 221, 224, 221, 224, 229, 239, 245, 321, 322, 633, 691 et 692 ; HUSSEIN (Mahmoud), *op. cit.*, tome II, p. 225 ; RODINSON (Maxime), *op. cit.*, p. 205.

forme ancestrale de ce qu'on appellerait aujourd'hui le « coaching » mental, par la confiance[173]. Maxime Rodinson analyse finement le passage des premières razzias, qui servaient à la fois d'exutoire et de source de revenus aux exilés mecquois à Médine, aux batailles entre Arabes, jusqu'aux guerres extérieures : « Au fur et à mesure que l'Arabie adhérait sous une forme ou sous une autre à ce système pacifique [à l'intérieur de la 'Umma], la ressource traditionnelle que représentait la razzia aux dépens des tribus ennemies se tarissait. Les hommes, pour qui la petite guerre permanente entre groupes rivaux représentait l'occupation virile par excellence, devenaient oisifs, se sentaient comme émasculés. L'Arabie avait trop d'hommes et pas assez de surfaces cultivables pour nourrir ses habitants. L'agriculture était d'ailleurs une profession méprisée. La seule solution était de tourner l'énergie belliqueuse des Arabes contre les pays civilisés et agricoles en bordure du désert, contre ce Croissant fertile qui appartenait en partie à l'Empire byzantin, en partie à l'Empire perse sassanide. »[174] « Les Arabes avaient maintes fois auparavant attaqué les peuples sédentaires du Croissant fertile. »[175] À toutes fins utiles, rappelons la définition du parasite : organisme animal ou végétal qui vit aux dépens d'un autre organisme, auquel il cause des dommages plus ou moins graves, sans cependant le détruire. Rappelons encore que l'agriculture constitua une élévation révolutionnaire

---

173. *Le Coran, op. cit.*, pp. 84, 231 et 516.
174. RODINSON (Maxime), *op. cit.*, p. 310.
175. *Ibid.*, p. 332.

dans la longue histoire de l'humanité, qui permit de passer du paléolithique au néolithique, il y a près de dix mille ans.

Si l'on résume ce sombre parcours, l'agressivité locale d'un individu fut telle qu'elle finit par embraser toute une région, et plus tard une vaste aire géographique, pour ne pas dire le monde entier. Déverser son trop-plein d'agressivité à l'extérieur ne constitue jamais qu'une solution très instable et provisoire qui entraîne inéluctablement une tragique fuite en avant.

Pour parachever cet exposé sur la vindicte de Mahomet, nous devons noter qu'il mit lui-même la main à la pâte, non seulement dans une bataille[176], mais encore dans le génocide des Banû Quraydha : « Le prophète ne cessa de les égorger jusqu'à leur extermination totale. »[177] Les Américains d'aujourd'hui n'y verraient-ils pas un ancêtre de *serial killer* ?

On rétorquera qu'il tenta de les reconvertir... Ajoutons : par la force[178]. Est-il besoin de préciser que « convertir par la force » apparaît comme une contradiction dans les termes ? Admirons le travail de Mahomet : « Dites : il n'y a de dieu que Dieu ! Et vous sauvegarderez vos vies et vos biens. »[179]

En désespoir de cause avec ces juifs, Mahomet « [...] ordonna de tuer tous les hommes des Banû Quraydha, et même les jeunes, à partir de l'âge où ils

---

176. *Ibid.*, p. 213.
177. HICHÂM (Ibn), *op. cit.*, p. 277.
178. *Ibid.*, pp. 68 et 392 ; *Le Coran, op. cit.*, pp. 36 et 301 ; HUSSEIN (Mahmoud), *op. cit.*, tome II, pp. 15 et 65.
179. *Ibid.*, tome II, p. 382.

avaient les poils de la puberté »[180]. Notons aussi cette variante, pour la fine bouche : « J'ordonne que tous les hommes en âge de se raser soient mis à mort, que les femmes et les enfants soient réduits en esclavage et que leurs biens soient partagés entre les musulmans », jugement que Mahomet estima conforme à celui de Dieu[181]. Tel fut le coup d'envoi du génocide perpétré par Mahomet[182] : « Le lendemain, il fit creuser de grandes fosses dans le marché de Médine. On y mena les juifs ligotés par paquets, on les décapita un à un au bord des fosses et on les y jeta. Ils étaient six cents à sept cents disent les uns, huit cents à neuf cents disent les autres. »[183]

Sur le plan psychologique, nous ne pouvons que constater ce bouillonnement incontrôlé d'agressivité et de violence. Sur le plan philosophique, nous ne condamnons pas l'agressivité en elle-même, tant elle s'avère nécessaire à la survie d'une espèce[184]. Nous n'approuvons pas non plus l'idée chrétienne de combattre l'agressivité avec de l'amour. Si ce mécanisme fonctionnait, le sentimentalisme mièvre et mielleux des Américains aurait depuis long-temps terrassé leur manie des meurtres en série. Le christianisme méconnaît gravement l'intrication inconsciente entre pulsions d'amour et de haine. Pour des raisons de logique, combattre l'agressivité avec de

---

180. HICHÂM (Ibn), *op. cit.*, p. 277.
181. HUSSEIN (Mahmoud), *op. cit.*, tome II, p. 356.
182. *Ibid.*, tome II, p. 18.
183. RODINSON (Maxime), *op. cit.*, p. 247.
184. Voir notamment LORENZ (Konrad), *L'Agression*, Paris, Flammarion, 1983, chapitre III, « À quoi le monde est-il bon ? »

l'agressivité ne saurait non plus convenir. Et encore une fois, souhaiter éliminer l'agressivité demeure un non-sens : « *Extirper* les passions et les appétits, uniquement pour prévenir leur bêtise ou les fâcheuses conséquences de leur bêtise, voilà qui aujourd'hui nous paraît n'être qu'une forme aiguë de bêtise. Nous n'admirons plus les dentistes qui *arrachent* les dents afin qu'elles ne fassent plus mal... »[185] Que faire ?

La solution à ce problème pourrait bien tenir en deux expressions, utilisées par deux penseurs : la « spiritualisation de la passion »[186] ou la « sublimation des pulsions ». Nous souhaitons que l'homme sublime aussi bien sa haine que son amour, pour s'élever à l'ordre des représentations, des concepts, de la connaissance. La violence représente un destin non sublimé de la pulsion de haine. Hélas ! C'est la voie principale que Mahomet avait choisie pour écouler son agressivité massive. Une bien belle impasse.

Comment cette sombre démarche a-t-elle pu lui survivre et se généraliser ? Comment cette agressivité rebelle à tout ordre a-t-elle pu ordonner l'agressivité d'un peuple entier ? Comment le pauvre orphelin maltraité, atteint d'un trouble dissociatif et d'une haine à l'origine de maintes discordes, a-t-il pu devenir riche, adulé, puissant, entouré de femmes, et... mourir en paix ?

---

185. NIETZSCHE (Friedrich), *Crépuscule des idoles* (1888), in *Œuvres philosophiques complètes*, Paris, Gallimard-NRF, 1990, tome VIII, « La morale, une anti-nature », § 1, p. 82.
186. *Ibid.*

CHAPITRE TROIS
LE SENS DE L'ORDRE DE MAHOMET

Comme son mentor Jésus[187], Mahomet faisait preuve d'un caractère entier, avec des choix et une conception du monde particulièrement binaires[188]. Nous apprécions particulièrement les fines nuances de ses propos : « Les hommes se partagent en deux groupes ; d'une part : l'aveugle et le sourd, d'autre part : celui qui voit et celui qui entend. Sont-ils comparables ? Ne réfléchissez-vous pas ? »[189] Comme Sergio Leone le faisait dire à ses personnages dans *Le Bon, la brute et le truand*, « le monde se divise en deux catégories ». Mais c'était humoristique. Pas ici : « Les femmes mauvaises aux hommes mauvais ; les mauvais aux mauvaises ! Celles qui sont bonnes, à

---

187. Voir JOI (Frédéric), *op. cit.*, chapitre II.
188. Voir notamment *Le Coran, op. cit.*, pp. 118, 135, 145, 206 et 514 ; HICHÂM (Ibn), *op. cit.*, pp. 89, 145 et 149 ; HUSSEIN (Mahmoud), *op. cit.*, tome II, pp. 61 et 386.
189. *Le Coran, op. cit.*, p. 267.

ceux qui sont bons ; ceux qui sont bons, à celles qui sont bonnes ! »[190] Quoique.

Pour ceux qui manqueraient de suite dans les idées, nous conseillons vivement la lecture du Coran, qui vous motivera avec l'exemple édifiant de son auteur : « Oncle, je le jure, s'ils me mettent le soleil dans la main droite et la lune dans la main gauche afin que j'abandonne cette mission, je ne le ferai point, jusqu'à ce que Dieu fasse éclater la vérité ou que je meure. »[191] Pour ceux qui se découragent trop facilement devant l'adversité, suggérons encore un modèle stimulant : « Lorsque Dieu et son Prophète ont pris une décision, il ne convient ni à un croyant, ni à une croyante de maintenir son choix sur cette affaire. »[192] Par définition, un homme qui a poursuivi son peuple pendant une vingtaine d'années pour lui faire prendre au sérieux ses hallucinations mérite au minimum le titre de « persévérant », au maximum celui de « roi des obstinés »[193].

Lorsqu'il s'agit de trouver un homme sérieux à qui confier la haute responsabilité de placer la pierre sacrée à l'angle de la Ka'ba, sanctuaire fraîchement reconstruit, les Mecquois choisirent Mahomet[194]. « Il aurait eu alors trente-cinq ans. On l'aurait surnommé "al-amîn", c'est-à-dire "l'homme sûr", en qui l'on peut

---

190. *Ibid.*, p. 433.
191. HICHÂM (Ibn), *op. cit.*, p. 90.
192. *Le Coran, op. cit.*, p. 519.
193. *Ibid.*, pp. 351, 540 et 645 ; HICHÂM (Ibn), *op. cit.*, pp. 90, 95 et 102 ; HUSSEIN (Mahmoud), *op. cit.*, tome I, pp. 222 (insistant dès l'âge de douze ans), 358, 404, 405, 416 et 418.
194. Voir RODINSON (Maxime), *op. cit.*, pp. 76 et 77.

avoir confiance. »[195] Khadîja avait justement choisi Muhammad comme mari et associé d'affaires, malgré sa pauvreté, pour son caractère loyal, responsable, et sa fidélité aux engagements[196]. Toute sa vie il confirma ces traits de personnalité[197], qu'il érigea comme par hasard en impératif divin : « Tenez vos engagements, car les hommes seront interrogés sur leurs engagements. »[198]

Au moment où Mahomet craignait lui-même de devenir poète ou possédé, sa première femme Khadîja le rassura avec ces paroles : « Dieu ne te fera pas cela, sachant ce que je sais de la sincérité de ta parole, de ta scrupuleuse honnêteté, de ta haute moralité et de ta fidélité aux liens de parenté. »[199] Il avait en effet le sens du devoir chevillé au corps[200]. Sa droiture[201] et sa probité[202] se manifestaient également dans sa haine de l'injustice : « Malheur aux fraudeurs ! Lorsqu'ils achètent quelque chose, ils exigent des gens une pleine mesure ; lorsqu'ils mesurent ou qu'ils pèsent pour ceux-ci, ils trichent. »[203] La corruption ne

---

195. *Ibid.*, p. 77.
196. Voir HICHÂM (Ibn), *op. cit.*, p. 59 ; HUSSEIN (Mahmoud), *op. cit.*, tome I, p. 249.
197. Voir notamment *Le Coran, op. cit.*, pp. 33, 124, 142 et 717 ; HICHÂM (Ibn), *op. cit.*, pp. 58, 144, 174, 177, 263 et 309 ; HUSSEIN (Mahmoud), *op. cit.*, tome I, pp. 318, 327 et 515.
198. *Le Coran, op. cit.*, p. 344.
199. HUSSEIN (Mahmoud), *op. cit.*, tome I, p. 311.
200. *Le Coran, op. cit.*, pp. 329 et 737 ; HICHÂM (Ibn), *op. cit.*, pp. 58, 175, 235 et 362 ; HUSSEIN (Mahmoud), *op. cit.*, tome II, pp. 40 ; RODINSON (Maxime), *op. cit.*, p. 75.
201. Voir HUSSEIN (Mahmoud), *op. cit.*, tome I, p. 250.
202. *Ibid.*, tome I, p. 271.
203. *Le Coran, op. cit.*, p. 745.

le dégoûtait pas moins : « Ne dévorez pas à tort vos biens entre vous ; n'en faites pas présent aux juges dans le but de manger injustement une part des biens d'autrui. »[204]

Dans la même veine, Mahomet se montrait très soucieux des règles de politesse : « Que vos esclaves et ceux d'entre vous qui n'ont pas encore atteint la puberté demandent la permission d'entrer chez vous à trois moments de la journée : avant la prière de l'aube ; au milieu du jour, lorsque vous retirez vos vêtements et après la prière du soir. »[205]

Mahomet s'avérait pointilleux sur l'application des règles : « Donnez une juste mesure, quand vous mesurez ; pesez avec la balance la plus exacte. C'est un bien, et le résultat en est excellent. »[206] Il insistait pour faire de nouveau appliquer à la lettre une loi désuète telle que la lapidation[207].

Comme Jésus[208], Mahomet manifestait un sens aiguisé de la pureté et de la propreté[209] : « Lorsque vous vous disposez à la prière : lavez vos visages et vos mains, jusqu'aux coudes ; passez les mains sur vos têtes et sur vos pieds, jusqu'aux chevilles. Si vous êtes en état d'impureté légale, purifiez-vous. Si vous êtes malades, ou en voyage ; si l'un de vous vient du lieu

---

204. *Ibid.*, p. 35.
205. *Ibid.*, p. 439. Voir aussi p. 433, ainsi que HUSSEIN (Mahmoud), *op. cit.*, tome I, p. 347, sur le mensonge.
206. *Le Coran, op. cit.*, p. 344.
207. HUSSEIN (Mahmoud), *op. cit.*, tome II, p. 62.
208. JOI (Frédéric), *op. cit.*, pp. 39-40.
209. Voir *Le Coran, op. cit.*, pp. 25, 28, 83, 100, 213, 228, 693 et 726 ; HUSSEIN (Mahmoud), *op. cit.*, tome II, p. 13.

caché ; si vous avez eu commerce avec des femmes et que vous ne trouviez pas d'eau, recourez à du bon sable que vous passerez sur vos visages et sur vos mains. »[210] Ce thème obsédant se transposait sur le plan moral : « Sans la grâce de Dieu sur vous et sa miséricorde, nul, parmi vous, ne serait jamais pur. »[211] Cela étant dit, la propreté de Mahomet demeurait relative à son peuple. Il se montrait seulement plus exigeant que ses contemporains, dont le lecteur jugera le niveau hygiénique : « Chaque musulmân se doit de se laver un jour sur sept, et de laver aussi bien sa tête que le reste de son corps. »[212]

En guise d'amusante transition entre son obsession pour la pureté et son goût pour l'argent, citons un beau passage du Coran, qui s'adresse à ceux qui ont commis une bonne action et une mauvaise : « Prélève une aumône sur leurs biens pour les purifier et les rendre sans taches. »[213] En d'autres termes, Mahomet trouva le subtil et douteux moyen de tirer des revenus de l'impureté des hommes – une source inépuisable !

Mahomet faisait preuve de vénalité[214]. Avant les batailles, ses prières s'élevaient vers Dieu pour mieux redescendre sur terre : « J'espère que Dieu nous offrira leurs biens en butin. »[215] Après les batailles, il

---

210. *Le Coran, op. cit.*, p. 126.
211. *Ibid.*, p. 432.
212. HUSSEIN (Mahmoud), *op. cit.*, tome II, p. 89.
213. *Le Coran, op. cit.*, p. 241.
214. *Ibid.*, pp. 212, 218 et 726 ; HICHÂM (Ibn), *op. cit.*, p. 318 ; HUSSEIN (Mahmoud), *op. cit.*, tome II, pp. 107, 302 et 303 ; RODINSON (Maxime), *op. cit.*, pp. 227, 259 et 260.
215. HUSSEIN (Mahmoud), *op. cit.*, tome II, p. 383.

récupérait, par décret divin bien sûr, un cinquième du butin[216]. Mais pas toujours... « Quant au butin de Fadak, il revint tout entier au Prophète, parce que Dieu avait semé la terreur dans le cœur de ses habitants, lorsqu'ils apprirent le sort réservé aux juifs de Khaybar. Ils conclurent, sans combattre, la paix avec le Prophète, en lui laissant la moitié de leurs biens. »[217] Si cela ne suffisait pas, Mahomet se ménageait quelque autre source de revenus : « [...] le Prophète envoya des émissaires et des fonctionnaires partout où l'islam s'était imposé, afin de collecter les dons des fidèles »[218]. Mahomet s'enrichissait ainsi des vols, de la crainte et des croyances. L'argent qu'il « collectait » était censé servir cette sorte d'État naissant, mais dont le fonctionnement rappelle étrangement ces pays africains où les aides internationales équivalent à la fortune privée du « président », puisque « le trésor public ne se distinguait pas de la fortune personnelle de Muhammad »[219].

Certains riches aiment à compter leurs sous. Mahomet employait souvent des termes comptables[220]. Il était d'une grande méticulosité, qu'on retrouve dans les attributs qu'il confère à Dieu : « Nous poserons les balances exactes, le Jour de la Résurrection. Nul homme ne sera lésé pour la plus petite chose ; serait-elle équivalente au poids

---

216. Voir notamment HICHÂM (Ibn), *op. cit.*, p. 322 ; HUSSEIN (Mahmoud), *op. cit.*, tome II, p. 167.
217. HICHÂM (Ibn), *op. cit.*, p. 322.
218. *Ibid.*, p. 394.
219. *Ibid.*, p. 259.
220. *Le Coran, op. cit.*, pp. 38, 218 et 381.

66

d'un grain de moutarde, nous l'apporterions. Nous suffisons à faire les comptes. »[221] Après sa première vie de commerçant, « son langage sera toujours émaillé de locutions commerciales »[222].

Mahomet était adepte du calcul d'intérêts[223]. Déjà son premier mariage représentait un calcul avantageux pour sortir de sa situation miséreuse[224]. Ce ne fut pas le dernier conclu à des fins politiques[225]. Il procédait encore ainsi dans les batailles : « La guerre, 'Umar, est affaire de ruse. »[226] Maxime Rodinson voit encore en lui un grand calculateur politique[227], notamment dans le « bon » usage des meurtres[228], des massacres stratégiques[229], ou dans l'art de la guerre[230]. Cet auteur écrit : « Mohammad sut acheter des personnages influents par les cadeaux appropriés, jouer en vrai politique de l'ambition, de l'avidité, de la vanité, de la peur, et parfois sans doute (mais bien plus rarement) de l'appétit d'idéal et de dévouement

---

221. *Ibid.*, pp. 400-401.
222. RODINSON (Maxime), *op. cit.*, p. 76.
223. *Le Coran, op. cit.*, pp. 600 et 700 ; HICHÂM (Ibn), *op. cit.*, pp. 155 et 216 ; HUSSEIN (Mahmoud), *op. cit.*, tome I, pp. 386 et 502.
224. RODINSON (Maxime), *op. cit.*, pp. 74-75.
225. *Ibid.*, p. 317.
226. HUSSEIN (Mahmoud), *op. cit.*, tome I, p. 337 ; *Le Coran, op. cit.*, p. 286 ; HICHÂM (Ibn), *op. cit.*, p. 268.
227. RODINSON (Maxime), *op. cit.*, pp. 168, 188, 204, 300 et 310.
228. RODINSON (Maxime), *op. cit.*, p. 242.
229. *Ibid.*, p. 248.
230. *Ibid.*, p. 257.

des hommes. »[231] D'autres passages attestent cet aspect d'intrigant en politique[232].

D'une manière générale, Mahomet avait tendance à intellectualiser, à rechercher l'intérêt, à calculer ses actes. C'est en ce sens qu'il tâchait de contrôler ses propres affects, et savait souvent rester impassible[233]. Certes, il devait se donner beaucoup de peine au regard de son tempérament bouillonnant. Mais ce caractère organisé lui permettait de faire emporter le calcul politique sur la colère quand son intérêt à long terme était en jeu[234]. C'est encore en ce sens qu'il a pu se montrer incorruptible, la haute considération de sa « mission » l'emportait alors sur sa cupidité : « Neveu, si par ton message tu vises la fortune, nous te donnerons de nos richesses, de quoi être le plus riche d'entre nous. Si tu vises le rang, nous ferons de toi notre chef et ne trancherons aucun différend sans ton accord. Si tu vises le trône, nous ferons de toi notre roi. »[235] Mahomet repoussa ces propositions.

Il érigea en commandement divin ce contrôle de soi : « N'obéis pas [...] à celui qui se laisse conduire par ses passions et qui se montre négligent dans son comportement. »[236] À l'exception notable des colères soudaines et des premières révélations, Mahomet ne

---

231. *Ibid.*, p. 305.
232. HUSSEIN (Mahmoud), *op. cit.*, tome I, p. 473 ; tome II, pp. 50, 335 et 423.
233. Voir *Le Coran, op. cit.*, p. 560 ; HICHÂM (Ibn), *op. cit.*, pp. 212 et 294 ; HUSSEIN (Mahmoud), *op. cit.*, tome I, p. 405 ; RODINSON (Maxime), *op. cit.*, p. 108.
234. *Ibid.*, p. 232.
235. HUSSEIN (Mahmoud), *op. cit.*, tome I, p. 391.
236. *Le Coran, op. cit.*, p. 359.

connaissait guère de crises psychologiques. Il rythmait sa vie avec les habitudes[237] et les rituels[238]. Il en fit un commandement divin : « Sois constant ! »[239]

Dernier trait à relever, Mahomet était absolument certain de détenir la vérité. Il le répétait sans cesse[240]. « Ceci est la Vérité absolue ! »[241] Le mot *certitude* avait sans doute un autre sens en ces temps reculés, pour que Jésus la revendique afin de se déclarer « fils de Dieu », et Mahomet le contraire.

Ainsi, ce dernier manifestait un caractère entier, une forte propension aux choix binaires, une obstination exceptionnelle, un sens aigu du devoir, une obsession de la pureté, un autoritarisme évident, une agressivité notable, une certaine froideur affective, une avidité certaine pour l'argent, un goût marqué pour les comptes, une manie du calcul, une tendance à l'intellectualisation et le sentiment très affirmé de détenir des vérités indiscutables.

Tous ces symptômes ressortent de ce que les psychologues nomment la « personnalité obsessionnelle », autrement appelée « caractère anal ». Comme nous l'avons expliqué avec le cas Jésus[242], ces traits ont pour origine un combat inconscient contre des tendances infantiles opposées, principalement

---

237. HUSSEIN (Mahmoud), *op. cit.*, tome I, p. 512.
238. *Ibid.*, tome II, p. 271.
239. *Le Coran*, *op. cit.*, p. 587.
240. *Ibid.*, pp. 4, 7, 146, 351, 416, 424, 610, 620, 621, 628 et 648 ; HUSSEIN (Mahmoud), *op. cit.*, tome I, pp. 340 et 397 ; tome II, p. 33.
241. *Le Coran*, *op. cit.*, p. 672.
242. JOI (Frédéric), *op. cit.*, pp. 41-44.

l'agressivité destructrice et le plaisir à salir. Il en ressort par opposition un caractère très organisé, méticuleux, planificateur, entêté, qui aime à tout purifier et ranger dans des catégories précises, avec des règles contraignantes, y compris ses propres actions et sentiments.

Nous commençons à deviner quelques éléments pour expliquer le destin si particulier du cas Mahomet. Ses hallucinations de la quarantaine ouvrirent une crise dans ses rapports avec ses proches. Son caractère anal dut contribuer à transformer cette voix intérieure en lois. Cette personnalité obsessionnelle s'avéra également utile pour organiser ses tractations politiques et ses plans de bataille. Sa vindicte et son entêtement exceptionnels auraient enfin donné le coup de pouce nécessaire pour imposer des idées aussi fausses, mais si bien présentées, aux foules naturellement réticentes. Notons en passant la résolution d'une contradiction révélatrice : il balançait entre la colère et l'impassibilité, entre agressivité directe et caractère anal. Sa haine foncière se trouvait en butte permanente aux tentatives de contrôle d'affect – une lutte interne qui dut être épique. Cette canalisation de son agressivité devait la rendre plus efficace encore sur le long terme.

Nous sommes loin d'en avoir fini avec la personnalité si complexe et si pathologique de Mahomet... Nous nous demandons de quelle façon ses contemporains purent la gérer, non sans compassion pour eux.

CHAPITRE QUATRE
LE CARACTÈRE QUÉRULENT DE MAHOMET

La condition pour faire entrer deux identités sous le même crâne consiste à posséder un ego spacieux.

C'est une boutade. Une fois mis entre parenthèses son prétendu rapport à Dieu, nous sommes contraints d'admettre que Mahomet ne parlait que de lui et de sa mission[243]. « Par conséquent », les autres passaient après lui : « Il n'appartient pas aux habitants de Médine ni à ceux des Bédouins qui sont autour d'eux de rester en arrière du Prophète de Dieu, ni de préférer leur propre vie à la sienne. »[244] Ce trait égocentrique apparaissait également dans le fait que les exemples qu'il choisissait relevaient toujours de sa petite vie très localisée, et ne s'élevaient jamais au vaste monde ou à l'universalité[245].

Dans ces conditions, Mahomet se croyait au centre des intérêts, il interprétait tout en fonction

---

243. Voir notamment *Le Coran, op. cit.*, p. 230, 381 et 684 ; HICHÂM (Ibn), *op. cit.*, p. 407.
244. *Le Coran, op. cit.*, p. 244.
245. *Ibid.*, p. 674.

de lui-même[246]. « C'est de lui que s'occupait l'Être suprême, lui qu'il avait créé et qu'il jugerait sans considération de parenté, de famille, de tribu. »[247] Quand Dieu vous choisit personnellement, ça vous pose un homme. Surtout si l'inverse s'était réellement produit : que Mahomet ait choisi d'interpréter sa voie intérieure comme celle de Dieu qui l'aurait choisi...

Cet amour de soi démesuré, que les psychiatres appellent « autophilie », se reflétait dans l'affection qu'il portait à ses propres œuvres, pour lesquelles il ne trouvait pas d'éloges suffisants[248]. Sa voix intérieure fit dire aux djinns : « Oui, nous avons entendu un Coran merveilleux ! »[249] Ailleurs, il parlait du « glorieux Coran »[250], ou du « sage Coran »[251]. Il pensait avoir rendu la religion parfaite[252], y avoir parlé de tout ce qui existe[253], etc.

Plus qu'une absence d'autocritique, Mahomet manifestait une très haute opinion de lui-même[254].

---

246. *Ibid.*, pp. 150 et 230 ; RODINSON (Maxime), *op. cit.*, p. 201.
247. *Ibid.*, p. 126.
248. *Le Coran, op. cit.*, pp. 253, 263, 351, 424, 589, 606, 686, 724 et 750.
249. *Ibid.*, p. 721.
250. *Ibid.*, p. 643.
251. *Ibid.*, p. 540.
252. *Ibid.*, p. 125.
253. *Ibid.*, pp. 159 et 256.
254. Voir notamment *Le Coran, op. cit.*, pp. 743-744 ; HICHÂM (Ibn), *op. cit.*, pp. 54, 145 et 156 ; RODINSON (Maxime), *op. cit.*, p. 80.

Il se jugeait bon[255], sage[256], intelligent[257], utile[258], surpuissant[259], etc. Sa voix intérieure elle-même semblait inféodée à cet ego surdimensionné, Gabriel ayant affirmé : « Jamais, je le jure, aucun prophète avant Muhammad ne [...] fut meilleur que lui aux yeux de Dieu. »[260] À la suite d'une parabole plus que quelconque, on le voyait encore s'adonner à un étonnant exercice d'« autocongratulation », tel un sportif qui demanderait aux spectateurs de regarder de nouveau au ralenti sa belle action : « N'as-tu pas vu comment Dieu propose en parabole une très bonne parole ? Elle est comparable à un arbre excellent dont la racine est solide, la ramure dans le ciel et les fruits abondants en toute saison [...] »[261]

Tous ces traits révélaient sa « forte personnalité », peu influençable par les autres.

Nous découvrons une autre liste de symptômes remarquables avec les hallucinations permanentes qu'il endurait, au moins à partir de la quarantaine, et pour une bonne vingtaine d'années[262]. Il connaissait un état de rêve éveillé (dit « oniroïde » par les spécialistes), avec des expériences visionnaires, un senti-

---

255. *Le Coran, op. cit.*, p. 246.
256. *Ibid.*, p. 463.
257. *Ibid.*, pp. 157, 303 et 585.
258. *Ibid.*, p. 268.
259. *Ibid.*, p. 189.
260. HICHÂM (Ibn), *op. cit.*, p. 140.
261. *Le Coran, op. cit.*, p. 311.
262. *Ibid.*, p. 436 ; HICHÂM (Ibn), *op. cit.*, pp. 79, 80, 140-141, 146 et 180 ; HUSSEIN (Mahmoud), *op. cit.*, tome I, pp. 453-460 ; tome II, pp. 152, 366 et 367 ; RODINSON (Maxime), *op. cit.*, pp. 97, 105 et 108.

ment d'étrangeté et une « hypermnésie » (mémoire surdéveloppée) qui lui permettait de répéter des pans entiers de la Bible. Maxime Rodinson note avec raison : « Ces hallucinations, ces extases inquiètent aussi les psychiatres croyants d'aujourd'hui car, honnêtement, ils sont forcés de reconnaître que rien ne distingue formellement celles des mystiques de celles des malades. »[263]

À côté de ces hallucinations, un phénomène étonnant apparut : Mahomet ne cessait d'attribuer aux autres ce qui valait pour lui – dans le langage des psychiatres : projections.

Il attribuait souvent sa propre haine aux autres[264]. Admirons un instant cette superbe tirade, en comparant son début et sa fin (que nous soulignons) : « Le Prophète répondit : "Ha ! ces malheureux Quraychites ! *Ils sont dévorés par le démon de la guerre.* Que perdraient-ils s'ils me laissaient seul me battre contre tous les autres Arabes ? Si je suis battu, ils auront ainsi obtenu ce qu'ils souhaitent. Si, au contraire, Dieu me donne la victoire, ils entreront ainsi plus riches dans l'islam. *Je ne cesserai de me battre, je le jure,* pour la mission que Dieu m'a confiée, jusqu'à la victoire ou la mort." »[265]

Il projetait très souvent sa propre situation, incluant son inavouable folie, sur les prophètes antérieurs, en particulier Moïse et Noé : « Les chefs qui, parmi son

---

263. RODINSON (Maxime), *op. cit.*, p. 107.
264. Voir notamment *Le Coran, op. cit.*, pp. 77 et 234.
265. HICHÂM (Ibn), *op. cit.*, p. 300.

peuple, étaient incrédules, dirent : "Nous voyons ta folie ! Nous te considérons comme un menteur !" »[266]

Il décernait à Dieu sa propre manie à légiférer : « Il leur ordonne ce qui est convenable ; il déclare licites, pour eux, les excellentes nourritures ; il déclare illicite, pour eux, ce qui est détestable [...] »[267] Il projetait aussi sa cupidité : « Vous voulez les biens de ce monde. »[268]

À maintes reprises, il conférait à d'autres son propre entêtement, « [...] il y a des hypocrites obstinés »[269], son habitude à inventer des histoires divines, « ils se laissent égarer, dans leur religion, par leurs propres inventions »[270] ou à recourir aux mensonges (les « ruses de guerre » ou les grandes impostures religieuses, comme le paradis, etc.)[271]. Nous proposons en quasi-exclusivité encore une superbe projection, où il commença par un mensonge éhonté en attribuant à Jésus une phrase que nous vous défions de trouver dans les Évangiles, pour finir en feu d'artifice (nous soulignons) : « Jésus, fils de Marie, dit : "Ô fils d'Israël ! Je suis, en vérité, le Prophète de Dieu envoyé vers vous pour confirmer ce qui, de la Torah, existait avant moi ; pour vous annoncer *la bonne nouvelle d'un Prophète qui viendra après moi et dont le nom sera : 'Ahmad.'* Mais lorsque celui-ci vint à eux avec des preuves incontestables, ils dirent : "Voilà une

---

266. *Le Coran, op. cit.*, pp. 189 et 632.
267. *Ibid.*, pp. 187, et 203-204.
268. *Ibid.*, p. 222.
269. *Ibid.*, pp. 241 et 719.
270. HUSSEIN (Mahmoud), *op. cit.*, tome II, p. 54 ; *Le Coran, op. cit.*, pp. 334, 337, 338 et 397.
271. *Ibid.*, pp. 355, et 681-682.

sorcellerie évidente !" *Qui donc est plus injuste que celui qui forge un mensonge contre Dieu* alors qu'il est appelé à la Soumission ? »[272]

Plutôt que d'admettre modestement que personne ne peut savoir avec certitude si Dieu existe, il imputait allègrement cette ignorance aux athées : « Ils disent : "Il n'y a pour nous que notre vie présente : nous vivons et nous mourons. Seul le temps qui passe nous fait périr." Ils ne détiennent aucune science de tout cela ; ils ne se livrent qu'à des conjectures. »[273]

Lui qui se croyait au centre de l'univers, avec sa place privilégiée attribuée par Dieu, et qui s'imaginait sans cesse insulté, osa dire : « Ils pensent que tout cri est dirigé contre eux. »[274]

D'une façon générale, Mahomet dressait son propre portrait en croyant peindre celui des autres, auxquels il attribuait aimablement impatience[275], orgueil[276], vanité[277], transgression de la loi[278], calcul politique[279], amour des disputes[280], moqueries, calomnies et diffamations[281], changement de traditions[282], vénalité[283],

---

272. *Ibid.*, p. 692.
273. *Ibid.*, p. 620. Voir aussi d'autres projections d'ignorance, pp. 355 et 750.
274. *Ibid.*, p. 696.
275. *Ibid.*, p. 399.
276. *Ibid.*, pp. 423, 696 et 719.
277. *Ibid.*, p. 495.
278. *Ibid.*, p. 187.
279. *Ibid.*, p. 335.
280. *Ibid.*, p. 610.
281. *Ibid.*, pp. 641 et 710.
282. *Ibid.*, p. 455.
283. Voir RODINSON (Maxime), *op. cit.*, p. 116, citation du *Coran*, sourate LXXXIX, versets 18-21.

etc.[284] Nous en gardons une dernière pour la bonne bouche. Lui qui mentait au sujet du paradis, lui qui produisait des projections en série, il accomplit le tour de force suivant : « Ils attribuent à Dieu ce qu'ils détestent pour eux-mêmes. Leurs langues profèrent le mensonge lorsqu'ils disent qu'une belle récompense les attend. »[285] Rien que pour celle-là, il fallait écrire le Coran : une projection de projection !

Mahomet commit également quelques « mégaprojections », ou « projections mythiques », autrement dit des projections de structures de l'inconscient collectif[286], comme le mythe d'un père universel, nommément Dieu. Bien que nombreuses, elles ne représentent que des reprises d'inventions des prophètes antérieurs[287]. Au mieux, nous trouvons seulement des descriptions naïves du paradis, tant y apparaissent de manifestes désirs de base, très relatifs à sa situation géographique et historique[288].

Sur la base de ces hallucinations et projections, Mahomet s'était construit une interprétation de lui-même. Affirmer qu'il prétendait au messianisme, prophétisme, mysticisme, etc.[289], constitue une pétition de principe. Nous devons le préciser car ces mots désignent pour les psychiatres autant de symptômes

---

284. Petit jeu : retrouvez les projections dans *Le Coran, op. cit.*, pp. 216, 382, 421, 456 et 630.
285. *Ibid.*, p. 330.
286. Voir JOI (Frédéric), *op. cit.*, pp. 109-147.
287. Voir notamment *Le Coran, op. cit.*, pp. 20, 22, 45, 46, 336, 407, 613, 644 et 646.
288. *Ibid.*, p. 669.
289. *Ibid.*, p. 686 ; HICHÂM (Ibn), *op. cit.*, pp. 100, 173, 381 et 393.

pathologiques repérés parmi un certain type de grands malades internés dans les hôpitaux. Ces derniers prétendent avoir fait une découverte géniale, s'estiment révolutionnaires ou pensent avoir tout compris. Ils croient représenter des exceptions, être les seuls à comprendre, devoir sauver le monde par la généreuse distribution de leurs idées ou de leurs richesses. Ils sont assurés d'une gloire posthume, d'avoir un destin, une importance historique, une mission à accomplir[290]. Pour ce genre de patients, les psychiatres notent encore l'impression d'être influencés, avec des dialogues intérieurs et une tendance au surnaturel. Le Coran contient un grand nombre de dialogues, qui correspondaient à plusieurs personnages en conversation dans l'esprit de Mahomet.

Alors que Mahomet reconnaissait copier ses prédécesseurs, il développait ce que les psychiatres appellent un « délire de plagiat » : « Le Prophète disait encore : "L'heure du Jugement n'aura pas sonné avant que n'apparaissent trente imposteurs, prétendant chacun à la prophétie." »[291] Il développa un autre délire bien connu de leurs services hospitaliers, qui consiste à se croire immortel (mettons ici à sa décharge que, dans la scène suivante, Mahomet était atteint par la maladie physique qui l'emportera) : « Puis le Prophète s'approcha d'Abû Muwayha et lui confia :

– On m'a apporté les clefs des trésors de la terre avec la faculté d'y vivre pour toujours, et, de l'autre côté, on

---

290. *Le Coran, op. cit.*, p. 510 ; HICHÂM (Ibn), *op. cit.*, pp. 100 et 156.
291. *Ibid.*, p. 384 ; *Le Coran, op. cit.*, p. 15.

m'a mis au Paradis. On me donna le choix entre les trésors éternels sur terre et la rencontre avec Dieu, puis le Paradis.

– Je t'en supplie, s'exclama Abû Muwayha, choisis les clefs des trésors de la terre pour y vivre éternellement, puis le Paradis.

– Non, non, répondit le Prophète, j'ai choisi la rencontre avec mon Dieu et le Paradis. »[292]

Nous l'avons échappé belle.

Nous trouvons également chez Mahomet des idées de grandeur, mais en nombre restreint, si l'on écarte celles qu'il a reprises de la Bible. Il imaginait que le Coran pourrait briser une montagne[293] ou que son message serait entendu d'un bout à l'autre de la terre[294].

En dehors du très beau « délire de filiation », qui mérite que nous lui consacrions un chapitre entier, nous découvrons un dernier délire très souvent manifesté par Mahomet. Celui-ci se montrait extrêmement jaloux. Il s'avérait certes possessif avec ses femmes, ce qui pourrait en partie expliquer son délire des atours à cacher[295] : « Ô vous, les femmes du Prophète ! Celle d'entre vous qui se rendra coupable d'une turpitude manifeste, recevra deux fois le double du châtiment. Cela est facile pour Dieu. [...] Restez dans vos maisons, ne vous montrez pas dans vos atours

292. HICHÂM (Ibn), *op. cit.*, pp. 402-403.
293. *Le Coran, op. cit.*, p. 686.
294. HUSSEIN (Mahmoud), *op. cit.*, tome II, p. 261.
295. Sur la question du voile des femmes, voir *Le Coran, op. cit.*, pp. 434, 439, 522 et 523.

comme le faisaient les femmes au temps de l'ancienne ignorance. »[296]

Il se montrait encore jaloux avec les croyants, dont il voulait accaparer tout l'amour, toute l'attention et toutes les intentions, à l'instar de Jésus[297] : « Que vos richesses et vos enfants ne vous distraient pas du souvenir de Dieu ! »[298]

Ce rapport au beau sexe surprend d'autant plus que « les femmes que le Prophète a épousées étaient au nombre de treize »[299]. Il consomma onze de ses mariages[300]. Il s'abstint de profiter de l'un d'entre eux dès qu'il découvrit des taches cutanées qui trahissaient la lèpre de sa toute nouvelle épouse[301]. Il ne résistait jamais aux belles femmes, notamment parmi les captives de ses conquêtes[302]. Il manifestait un appétit sexuel hors-norme[303], au point d'essuyer des insultes de la part de ses contemporains lucides, les Banû Quraydha : « Cet homme consacre son énergie aux femmes et au plaisir de la chair. Si c'était un vrai prophète, comme il le prétend, la prophétie l'occuperait plus que les femmes ! »[304] Ce n'est pas le cas

---

296. *Le Coran, op. cit.*, p. 518.
297. JOI (Frédéric), *op. cit.*, pp. 74-75.
298. *Le Coran, op. cit.*, p. 696. Voir aussi pp. 243 et 699.
299. HICHÂM (Ibn), *op. cit.*, p. 399. Voir pp. 399-401 pour le détail de ces mariages.
300. *Ibid.*, p. 401.
301. *Ibid.*
302. *Ibid.*, pp. 291 et 316 ; HUSSEIN (Mahmoud), *op. cit.*, tome II, p. 402 ; RODINSON (Maxime), *op. cit.*, pp. 230 et 247.
303. Voir notamment *Le Coran, op. cit.*, pp. 667 et 669 ; HUSSEIN (Mahmoud), *op. cit.*, tome II, pp. 207 et 371-372 ; RODINSON (Maxime), *op. cit.*, p. 75, 291 et 316.
304. HUSSEIN (Mahmoud), *op. cit.*, tome II, p. 348.

d'Aïsha qui les démentira[305] : « [Mahomet] se dirigea vers la maison d'Abû Bakr et, en chemin, vit 'Â'isha qui jouait avec quelques amies sur une balançoire. »[306] « Elle n'avait, il est vrai, que six ans. C'était trop peu, même pour des Arabes. »[307]

« Elle lui plut. [On lui objecta alors :]

– Mais nous avons des filles plus âgées qu'elle.

– C'est 'Â'isha que je veux. [...]

– 'Â'isha peut-elle convenir au Messager de Dieu, alors qu'elle est la fille de son frère ? [...]

– Je suis son frère et il est mon frère et je peux épouser sa fille. »[308]

Celle-ci raconta : « L'Envoyé de Dieu m'épousa quand j'avais six ans et les noces furent célébrées quand j'en eus neuf. »[309] Maxime Rodinson ajoute : « La cérémonie fut réduite à sa plus simple expression. On laissa à la petite fille ses jouets, ses poupées et Mohammad jouait parfois avec elle. »[310]

Le terme consacré en psychiatrie pour cette quête effrénée des femmes est *don juanisme*, même si Mahomet n'usait pas seulement de son charme pour les mener dans sa couche[311]. Nous pourrions parler à son égard d'un manifeste « manque d'amour », sans doute imputable à une enfance orpheline et déshé-

---

305. *Ibid.*, tome I, pp. 461-463, tome II, p. 34 ; RODINSON (Maxime), *op. cit.*, pp. 165, 182, 232 et 234.

306. *Ibid.*, tome I, p. 462.

307. *Ibid.*, p. 165.

308. HUSSEIN (Mahmoud), *op. cit.*, tome I, p. 462.

309. Cité par RODINSON (Maxime), *op. cit.*, p. 182.

310. *Ibid.*

311. Voir HICHÂM (Ibn), *op. cit.*, p. 401, citation du Coran ; RODINSON (Maxime), *op. cit.*, p. 289.

ritée. Ce motif obsédant s'inscrivit indirectement dans le grand nombre de lois qu'il promulgua sur la sexualité en général[312] et les femmes en particulier[313].

Cette passion du beau sexe s'accompagnait d'une énergie exceptionnelle qu'il dépensait dans un grand nombre de projets[314]. Les psychiatres parlent d'« hypersthénie ».

L'impulsivité de Mahomet se retrouvait dans son rapport aux connaissances. Il faisait preuve d'un idéalisme passionné, avec une grande vigueur dans la défense de ses idées. Les psychiatres parlent de « logorrhée » ou « idéorrhée », qui signifient « écoulement d'idées ». Comme nous l'avons vu, il souhaitait avoir toujours raison, était obsédé par la vérité et se croyait seul à la posséder : « [Dieu] connaît parfaitement le mystère ; mais il ne montre à personne le secret de son mystère, sauf à celui qu'il agrée comme prophète. »[315]

Avide de sens, Mahomet nourrissait un désir de savoir universel. Il niait le hasard et les coïncidences, avec son fameux « fatalisme »[316]. Il interprétait tout, tout devait avoir un sens, tout était « Signe »[317]. Il

---

312. Voir notamment *Le Coran, op. cit.*, pp. 37, 42, 96, 97, 344, 419, 434, 518, 519, 521 et 717 ; HICHÂM (Ibn), *op. cit.*, p. 135 ; HUSSEIN (Mahmoud), *op. cit.*, tome II, pp. 80, 81, 177 et 389.
313. Voir notamment *Le Coran, op. cit.*, pp. 43, 44, 434, 436, 523, 678, 679, 689, 690, 700 et 705.
314. Voir notamment HICHÂM (Ibn), *op. cit.*, pp. 180 et 372.
315. *Le Coran, op. cit.*, p. 723.
316. *Ibid.*, p. 484.
317. *Ibid.*, p. 299.

répétait à satiété que « [Dieu] expose les Signes pour les gens qui savent »[318].

Il forgeait seul ses connaissances, par simple ouï-dire et reconstruction personnelle. À l'exception d'une période mystique où il imitait d'autres ascètes[319], il s'était inventé son « métier », faisant preuve d'autodidactisme. Ses idées de départ se révélaient fausses, comme l'affirmation que Dieu lui parlait par l'intermédiaire de Gabriel, qu'il était prophète, que le Paradis et l'Enfer existent, etc. C'est ce que les psychiatres appellent des « délires », étymologiquement des idées qui sortent du sillon. Il construisit sur ces idées de base un vaste « système » qui se voulait cohérent, avec une logique seulement apparente et une dialectique argumentative pour le défendre. Il s'efforçait sans cesse à rendre compte de tout à partir de ses idées fausses. Comme dit Maxime Rodinson : « Cette idéologie forme un système. »[320]

Avec une belle mauvaise foi, Mahomet expliquait pourquoi il gagnait telle bataille (Dieu le confortait bien sûr), mais aussi, de manière alambiquée, pourquoi il perdait telle autre : « Si vous avez reçu une blessure, ces gens en ont reçu tout autant. Les jours (bons et mauvais), nous les faisons alterner parmi les gens pour qu'Allah connaisse les fidèles et qu'il choisisse parmi vous des témoins (et Allah n'aime pas les

---

318. *Ibid.*, p. 247.
319. Voir RODINSON (Maxime), *op. cit.*, pp. 95 et suivantes.
320. *Ibid.*, p. 271.

injustes), pour faire briller ceux qui croient et rejeter dans l'ombre les infidèles. »[321]

Il se justifiait sans arrêt[322]. Il « légitimait » ses pillages[323], l'usage très personnel qu'il faisait des aumônes[324], l'invasion d'une ville juive[325], la destruction[326], le meurtre[327], etc.

Il ne souffrait pas la contradiction. Il enrageait que les impies n'attribuent pas leur bonheur à Dieu[328], qu'on ne croie pas à l'une de ses révélations[329], qu'on n'obéisse pas quand il ordonnait qu'Abû Bakr préside une prière publique[330], etc. Lorsque sa méconnaissance de l'Ancien Testament fut confrontée aux juifs, « les moqueries et les critiques de leurs intellectuels l'avaient irrité et on a vu combien il était sensible à ce genre d'attaques »[331].

Toutefois, si nul ne venait le chatouiller sur ses délires, sa folie partielle laissait intactes les autres activités mentales. Il manifestait une intelligence et des connaissances supérieures à la moyenne des gens de

---

321. *Ibid.*, p. 217, extrait du *Coran*, sourate III, versets 160-162.
322. Voir notamment *Le Coran, op. cit.*, pp. 315, 519 et 631 ; HUSSEIN (Mahmoud), *op. cit.*, tome II, pp. 110 et 205 ; RODINSON (Maxime), *op. cit.*, p. 220.
323. *Le Coran, op. cit.*, p. 171.
324. *Ibid.*, p. 233.
325. *Ibid.*, p. 205.
326. *Le Coran, op. cit.*, p. 342.
327. HICHÂM (Ibn), *op. cit.*, p. 169.
328. *Le Coran, op. cit.*, p. 165.
329. *Ibid.*, p. 166.
330. HICHÂM (Ibn), *op. cit.*, p. 406.
331. RODINSON (Maxime), *op. cit.*, p. 202.

l'époque[332], ce qui demeure très relatif. Sur ce plan, il pouvait impressionner, certes ici un simple serviteur, un certain 'Addâs : « Je ne connais personne sur cette terre qui soit meilleur que lui. Il m'a appris ce que seul un prophète peut savoir. »[333]

Maxime Rodinson résume parfaitement ce contraste typique entre la rationalité et les délires de Mahomet : « Il raisonne clairement, logiquement, avec lucidité. Et pourtant, derrière toute cette façade, il y a un tempérament nerveux, passionné, inquiet, fiévreux, plein d'aspirations impatientes et ardentes à l'impossible. Cela allait jusqu'à des crises nerveuses d'une nature tout à fait pathologique. »[334]

Avec de tels traits cumulés, il se montrait très « convaincant »[335] ... précisons : sans recourir à la force. Il employait de belles paroles (poétiques)[336], faisait preuve d'un indéniable charisme[337], et parmi ses zélateurs figuraient des personnes qui l'avaient d'abord haï[338].

Dans la mesure où les idées qu'il parvenait à imposer étaient fausses, nous devons y voir un

---

332. HICHÂM (Ibn), *op. cit.*, pp. 153 et 388 ; RODINSON (Maxime), *op. cit.*, p. 73
333. HUSSEIN (Mahmoud), *op. cit.*, tome I, p. 475.
334. RODINSON (Maxime), *op. cit.*, p. 77.
335. Voir notamment HICHÂM (Ibn), *op. cit.*, pp. 63, 87, 90, 92, 114, 121, 138 et 172 ; HUSSEIN (Mahmoud), *op. cit.*, tome I, pp. 327, 358, 384 et 448 ; tome II, p. 82.
336. Voir notamment HICHÂM (Ibn), *op. cit.*, pp. 99 et 133 ; HUSSEIN (Mahmoud), *op. cit.*, tome I, pp. 387, 393 et 466.
337. Voir notamment HICHÂM (Ibn), *op. cit.*, p. 303 ; HUSSEIN (Mahmoud), *op. cit.*, tome I, p. 354 ; tome II, p. 394.
338. *Ibid.*, tome II, p. 83.

mécanisme simple bien connu des psychiatres, appelé « délire à deux ». L'un des deux protagonistes est à l'origine du délire, et présente un ascendant sur le second, qui finit par adhérer à l'idée fausse, pour la développer à son tour de façon pathologique. Une telle contagion psychologique apparut nettement dans deux cas au moins, d'une part entre Mahomet et Ali, son jeune – pour ne pas dire « naïf » – cousin (converti à... dix ans ![339]), d'autre part entre Mahomet et son fidèle Abû Bakr. Ce dernier fit très vite office de relais aux idées de son maître : « Abû Bakr prêchait [...] l'islam aux visiteurs en qui il avait confiance. Un bon nombre des compagnons du Prophète connurent l'islam grâce à Abû Bakr. »[340]

Mahomet présentait occasionnellement une incroyable lucidité sur son propre cas. La plupart du temps, il ne l'exprimait pas directement, mais le faisait dire aux personnages de ses récits bibliques qui refusaient les anciens prophètes : « Nous ne voyons en toi qu'un mortel semblable à nous. Nous ne te voyons, à première vue, suivi que par les plus méprisables d'entre nous. Nous ne voyons en vous aucune supériorité sur nous. Nous vous prenons, au contraire, pour des menteurs »[341], « voici plutôt un amas de rêves qu'il a inventés lui-même ; c'est un poète ! »[342], « ce sont des contes d'Anciens ! »[343] Parfois, Mahomet se trahissait en quelque sorte en niant la caractérisation

---

339. HICHÂM (Ibn), *op. cit.*, p. 86.
340. *Ibid.*, p. 88.
341. *Le Coran, op. cit.*, p. 267.
342. *Le Coran, op. cit.*, p. 396.
343. *Ibid.*, p. 746.

qui lui allait comme un gant : « Ce n'est pas ici un conte imaginé [...] »[344] Parfois encore, il reconnaissait directement : « Dieu a fait descendre le plus beau des récits : un Livre dont les parties se ressemblent et se répètent. »[345] Nous confirmons.

Cet égocentrisme et ce prophétisme enthousiaste, basé sur ses propres connaissances hallucinatoires, encouragés par une solide agressivité et une obstination très organisée, ne pouvaient manquer d'entraîner des rapports conflictuels avec ses contemporains, sur un mode « persécutoire ».

« Ô vous qui croyez ! N'établissez des liens d'amitié qu'entre vous, les autres ne manqueront pas de vous nuire ; ils veulent votre perte ; la haine se manifeste dans leurs bouches, mais ce qui est caché dans leurs cœurs est pire encore. [...] vous les aimez, et ils ne vous aiment pas [...] »[346] Bien des passages de ce type manifestent un sentiment de persécution[347]. Mahomet aimait à ressasser les histoires des prophètes antérieurs, en butte aux brimades de leurs peuples[348]. On retrouve cette méfiance généralisée à tout bout de champ[349]. Il se méfiait d'une fausse obéissance[350]

---

344. *Ibid.*, p. 298.
345. *Ibid.*, p. 569.
346. *Ibid.*, pp. 77-78.
347. Voir notamment HICHÂM (Ibn), *op. cit.*, pp. 82 et 200 ; HUSSEIN (Mahmoud), *op. cit.*, tome II, p. 196.
318. RODINSON (Maxime), *op. cit.*, p. 151.
349. HICHÂM (Ibn), *op. cit.*, p. 245 ; HUSSEIN (Mahmoud), *op. cit.*, tome I, p. 411 ; tome II, pp. 281 et 346 ; RODINSON (Maxime), *op. cit.*, p. 168.
350. *Le Coran, op. cit.*, p. 235.

ou des autres prophètes[351]. Gabriel lui-même l'aurait enjoint à la suspicion, lui permettant prétendument d'échapper à une tentative d'assassinat : « Ne dors pas cette nuit à l'endroit où tu as l'habitude de dormir. »[352] Cet état d'esprit s'était étendu parmi tous ses fidèles : « Au cours des dix dernières années qu'ils avaient passées à La Mecque, le Messager de Dieu et ses compagnons avaient vécu sur leurs gardes. Et lorsque Dieu leur avait ordonné de quitter La Mecque pour Médine, ils s'y étaient établis en restant sur leurs gardes. De jour comme de nuit, ils avaient leur arme à portée de la main. »[353]

Mahomet se croyait constamment observé, ne fût-ce que par Dieu : « Il n'y a pas d'entretien à trois où il ne soit le quatrième, ni à cinq où il ne soit le sixième. Qu'ils soient moins ou plus nombreux, il est avec eux là où ils se trouvent ; puis, le Jour du Jugement, il leur fera connaître ce qu'ils ont fait. – En vérité, Dieu sait tout ! »[354]

Il nourrissait le sentiment permanent que des conspirations se fomentaient dans son dos, que des calomnies se répandaient à son insu ou que des espions opéraient dans l'ombre[355]. Heureusement pour lui, Allah restait là pour « [...] l'avertir [...] que de tels complots se tramaient [...] »[356]

---

351. *Ibid.*, p. 640.
352. HICHÂM (Ibn), *op. cit.*, p. 172.
353. HUSSEIN (Mahmoud), *op. cit.*, tome II, p. 89.
354. *Le Coran, op. cit.*, p. 679.
355. *Ibid.*, pp. 151, 395, 471 et 680.
356. RODINSON (Maxime), *op. cit.*, p. 225.

Chez ce genre de patients, les psychiatres notent un décalage temporel entre l'apparition du délire et sa fixation dans un système pseudo-rationnel. C'est dans cet entre-deux que les thérapeutes doivent intervenir, quand c'est possible. Maxime Rodinson décrit très bien ce lent passage entre les premières révélations et leur mise en système. Citons quelques extraits : « Un jour, à l'improviste, une voix se fit entendre. C'était sans doute la première fois que la sensation de quelque chose d'extraordinaire se faisait si précise, sans quoi on ne s'expliquerait pas l'émoi du pieux Mekkois. La Voix disait trois mots arabes qui devaient bouleverser le monde : "Tu es l'Envoyé de Dieu !" [...] Comment s'agencèrent cette révélation et les suivantes, dans quel ordre chronologique ? On ne peut le savoir exactement. Sans doute leur forme devint-elle progressivement plus précise. Après les sensations de présence surnaturelle, les visions vagues, les auditions de simples phrases, vinrent les longues suites de paroles bien ordonnées, offrant un sens net, un message. [...] Plus tard, quand Mohammad se fut accoutumé à l'idée de son destin exceptionnel, il y eut la terreur de s'être trompé [...] »[357] Avant d'être certain de son fait, Mahomet connut de longs doutes résiduels[358].

Il souffrait énormément des moqueries, dont il ne cessait de se plaindre[359]. « Quand les incrédules te voient, ils ne font que se moquer de toi : "Est-ce là

---

357. *Le Coran, op. cit.*, p. 97.
358. Voir notamment HICHÂM (Ibn), *op. cit.*, p. 105 ; RODINSON (Maxime), *op. cit.*, p. 99.
359. Voir notamment *Le Coran, op. cit.*, pp. 39, 137, 150, 232, 305, 316, 363, 450, 505 et 618.

celui qui vilipende vos dieux ?" Ils ne croient pas au Rappel du Miséricordieux. »[360] Reconnaissons qu'il se montrait particulièrement susceptible[361]. C'est même pour avoir été vexé par des juifs que Mahomet modifia la direction de la prière, ou *qibla*. Au commencement de l'islam, les musulmans devaient se tourner vers Jérusalem, mais ensuite : « [...] il était parvenu aux oreilles du Messager de Dieu que les juifs disaient : "Par Dieu, Muhammad et ses compagnons ne savaient pas dans quelle direction prier, jusqu'à ce que nous leur offrions notre *qibla*." Le Messager de Dieu détesta que l'on pût dire cela. Il leva les yeux vers le ciel et le Très-Haut lui révéla : Nous voyons souvent ton visage tourné vers le ciel. Nous te donnerons donc une *qibla* qui te plaira. Tourne ton visage dans la direction de la Mosquée sacrée. »[362]

Suite à ce sentiment de méfiance, Mahomet se révéla très observateur des gens de son entourage[363]. Il s'en vanta même : « Je sais, moi, ce que vous cachez et ce que vous divulguez. »[364] Il se servait de ce trait pour manipuler les hommes : « Mohammad, d'ailleurs, est doué au suprême degré de la vertu essentielle du *sayyid*, du chef arabe, le *hilm*, une patiente et tenace habileté dans le maniement des hommes par la

---

360. *Ibid.*, p. 399.
361. *Ibid.*, pp. 248, 250, 505 et 748 ; HICHÂM (Ibn), *op. cit.*, pp. 84 et 366 ; HUSSEIN (Mahmoud), *op. cit.*, tome II, pp. 83 et 407 ; RODINSON (Maxime), *op. cit.*, pp. 202 et 208.
362. HUSSEIN (Mahmoud), *op. cit.*, tome II, p. 109.
363. Voir notamment *Le Coran, op. cit.*, pp. 235, 330, 421, 427, 644 et 703 ; HUSSEIN (Mahmoud), *op. cit.*, tome I, p. 344.
364. *Le Coran, op. cit.*, p. 688.

connaissance de leurs intérêts et de leurs passions. Il sait intelligemment, sans contrainte et sans éclats, obtenir à la fin l'acquiescement de ses sectateurs aux décisions qu'il a prises. »[365]

Quand ses contemporains rejetaient ses délires, Mahomet se sentait incompris[366]. Il nourrissait un fort sentiment d'injustice, qui se manifestait quand il s'adonnait à des rappels réitérés : « Soyez équitables ! Dieu aime ceux qui sont équitables ! »[367] Il craignait constamment d'être trahi ou trompé[368] : « Quand les hypocrites viennent à toi, ils disent : "Nous attestons que tu es le Prophète de Dieu !" [...] Ils ont pris leurs serments comme sauvegarde et ils se sont écartés du chemin de Dieu. Ce qu'ils ont fait est détestable. »[369]

Paradoxalement, Mahomet se délestait lui-même du poids des lois, autant morales que claniques, en fonction des besoins du moment, sans s'en rendre nécessairement compte. En général, après un meurtre, une razzia, un génocide, sa conscience était allégée par la conviction intime que Dieu l'avait voulu. Il agissait de même avec les mensonges[370], quand son propre intérêt était en jeu. Pour tromper un cheikh ennemi, il délégua un homme pour s'en débarrasser par traîtrise. Celui-ci « avait la permission de tout

---

365. RODINSON (Maxime), *op. cit.*, p. 255.
366. Voir notamment *Le Coran, op. cit.*, pp. 15 et 614.
367. *Le Coran, op. cit.*, p. 640. Voir aussi pp. 116, 127 et 276 ; RODINSON (Maxime), *op. cit.*, p. 334.
368. Voir notamment *Le Coran, op. cit.*, pp. 216, 236, 513 et 515.
369. *Le Coran, op. cit.*, p. 695.
370. *Ibid.*, pp. 268, 271 et 502 ; HICHÂM (Ibn), *op. cit.*, pp. 249 et 268 ; HUSSEIN (Mahmoud), *op. cit.*, tome II, pp. 205 et 227.

dire, de maudire le Prophète s'il le fallait, pour gagner la confiance du cheikh [...] »[371] Il était également capable d'une remarquable mauvaise foi : « Je n'ai aucune des intentions que vous me prêtez. Dans ma mission auprès de vous, je ne recherche ni l'argent, ni l'honneur, ni le pouvoir. »[372] Pire encore, lui qui insulta soudain les Quraych après ses révélations, osa dire (nous soulignons) : « Ne combattez-vous pas des gens qui ont violé leurs serments et qui ont cherché à expulser le Prophète ? *Ce sont eux qui vous ont attaqués les premiers.* »[373]

Un amusant trait de personnalité conclura en fanfare cet édifiant catalogue : l'incurabilité. En dépit des années, des adversaires, de la vieillesse, Mahomet ne baissa jamais la garde, pour développer tous ces beaux symptômes avec une admirable assiduité.

En bilan, nous posons l'hypothèse d'un Mahomet extrêmement vindicatif, au caractère solidement organisé, avec un ego particulièrement enflé, des hallucinations et autres projections à foison, un manifeste délire prophétique, un idéalisme passionné fondé sur la certitude de tout savoir, d'où découlait un rapport teinté de persécutions avec ses contemporains, nécessairement sceptiques.

Ces traits trahissent une paranoïa. Rappelons le principe de fonctionnement de cette grave pathologie[374].

---

371. RODINSON (Maxime), *op. cit.*, p. 222.
372. HICHÂM (Ibn), *op. cit.*, p. 100.
373. *Le Coran, op. cit.*, p. 225.
374. JOI (Frédéric), *op. cit.*, pp. 75-81.

Le moi du sujet y rejette la réalité communément admise par tous au nom de ses pulsions inconscientes, et se reconstruit son propre univers par hallucinations et projections de son intériorité. Il commence par retirer son intérêt du monde, pour ensuite le réinvestir à sa manière, en l'arrangeant selon ses désirs. Mahomet connut bien une période ascétique, en se retirant dans une grotte. Dans son enfance déjà, il dut fuir la dure réalité, pour se réfugier dans un monde imaginaire.

Dans ce mouvement de retour sur soi de la pulsion, le sujet rejette la réalité, la société, les interdits, et tout ce qui ne satisfait pas directement son moi. Il se débarrasse des limites extérieures et des avis négatifs sur lui-même. Il s'aime lui-même de manière exclusive, en refusant les autocritiques. Sa conscience morale se met à fonctionner en mode inversé : de tels sujets se félicitent eux-mêmes, se donnent comme modèle à suivre, et assènent des lois aux autres. Une immense énergie est libérée de cette façon. Mahomet ne s'embarrassait guère de barrières internes pour imposer ses conceptions.

En se forgeant un univers à lui, halluciné, le paranoïaque se crée des idées fausses, des « délires ». Il en existe de nombreuses variétés, dont la persécution ne représente qu'un exemple. Mahomet semble avoir développé au moins des délires de jalousie, d'immortalité, de plagiat, de prophétisme, de grandeur, de persécution, et de filiation.

L'origine de ces délires réside dans la projection. La persécution consiste à attribuer sa propre haine aux autres, et s'en croire détesté. Le délire d'immortalité revient à projeter l'atemporalité propre à l'inconscient. Le délire de plagiat s'explique par le fait d'imputer à autrui les mêmes mécanismes inconscients que les siens propres, à l'origine de la prétendue prophétie. Le sujet craint alors que d'autres agissent comme lui. Le délire d'interprétation consiste à tout rapporter à soi, à se croire au centre de l'univers, du fait d'un ego disproportionné, au profit duquel le sujet reconstruit le monde. Le délire de grandeur (ou mégalomanie) résulte aussi de cet ego, qui prend toute la place dans le psychisme du sujet. Le délire prophétique naît de la projection sur la réalité du retour de la pulsion d'amour sur soi-même, avec un fonctionnement inversé de la conscience morale. Tout comme cette dernière encourage le moi du sujet, un père suprême existerait dans le ciel qui l'a choisi, qui l'aime, qui le soutient, et qui lui donne des lois à imposer à tous.

D'après Freud, la jalousie est issue d'une projection de ses propres désirs homosexuels inconscients sur sa femme. Le jaloux pense que c'est elle qui désire d'autres hommes, et non lui-même. Le don juanisme partage le même ressort psychologique. Il réside dans le combat interne de fortes tendances homosexuelles en se rassurant sans cesse sur sa propre hétérosexualité, avec toujours plus de preuves : « Oui, ce sont bien des femmes que je désire », pouvait se dire Mahomet à chaque nouveau mariage.

La particularité du paranoïaque consiste à défendre ces délires, envers et contre tous, dans le cadre d'une vaste systématisation apparemment logique. C'est l'apport du caractère anal, où le sujet se complaît à tout organiser, légiférer, recenser, etc. Dans le cas Mahomet, le système qui en résultait devint particulièrement visible, et se matérialisa dans ce livre qu'il a appelé « Coran ».

Nous disposons maintenant de suffisamment d'éléments pour proposer quelques hypothèses. Mahomet se distinguait dans le fait que sa principale idée fausse, d'être appelé par Dieu, trouvait son origine dans un trouble dissociatif. Les idées imposées par sa seconde identité, que nous pouvons appeler avec lui « Gabriel », étaient ensuite reprises et systématisées par sa première identité, paranoïaque.

Mahomet, avant d'entendre cette voix, présentait une forte personnalité. S'il fut au départ ébranlé, les vingt années suivantes virent sans doute sa lente reconquête de son intériorité fissurée. Insensiblement, il reprit le contrôle de sa seconde identité, pour la mettre au service de ses propres desseins. Au départ, il devait se contenter de lui obéir, de se mettre « modestement » à son service, en la systématisant. Ensuite, sa première identité, si énergique et structurée, reprit le dessus. À la fin, Gabriel n'apparut plus que comme un outil au service des buts de Mahomet. Nous supposons que cette seconde identité ne constitua plus qu'une boursouflure réintégrée dans la première. Mahomet procéda ainsi à une sorte d'automédication inversée : au lieu de soumettre ses idées fausses à la réalité en réintégrant sa seconde identité dans la société, il les imposa de force aux autres, par le biais d'une première identité elle-même fortement malade.

Le trouble dissociatif fut intégré dans la paranoïa, et même instrumentalisé.

Pour affiner quelque peu ce diagnostic, faisons appel à Kretschmer, un psychiatre qui distingue trois types de paranoïa[375] : le premier genre est celle « de combat », dite « quérulente » (qui implique la revendication). C'est la paranoïa classique, avec engagement conflictuel du sujet dans le tissu social, qui tâche d'imposer ses idées délirantes. Le deuxième genre se contente de désirer un monde meilleur, reconstruit, sans s'engager corps et âme dans sa réalisation. Il se caractérise par un idéalisme passionné, sans combat concret. C'est une paranoïa de souhait, de désir, idéaliste. Le troisième genre se rattache à un délire de relation, que Kretschmer nomme « paranoïa sensitive ». Le malade y développe une personnalité dépressive, émotive, timide, modeste, avec culpabilité, débats de conscience et sentiment d'infériorité. Quant aux causes de ces variantes, celui qui les découvrit précise : « L'expérience qui révolte produit un paranoïaque de combat, l'expérience que l'on retient, un paranoïaque sensitif, et une expérience alimentée par l'imagination, un paranoïaque de désir. [...] Nous avons tout d'abord fait connaissance de trois groupes d'évolution délirante caractérogène qui tendent à une systématisation chronique et qui, d'après l'ancienne terminologie clinique, peut être définie comme paranoïaque : paranoïaque expansif ou de combat, sensitif

---

375. *Voir KRETSCHMER (Ernst)*, Paranoïa et sensibilité. Contribution au problème de la paranoïa et à la théorie psychiatrique du caractère, *Brionne, Montfort, 1963.*

ou paranoïaque de conscience et paranoïaque de désir. »[376] Le lecteur aura sans doute reconnu Mahomet dans le combat. Celui-ci nous apparaîtrait alors dans toute sa complexité, alliant paranoïa quérulente pour sa première identité, et trouble dissociatif avec sa seconde.

Telle serait notre hypothèse : Mahomet était un « paranoïaque quérulent dissociatif ». Un cas particulièrement rare. Une performance.

Avant de nous atteler à la tâche ingrate de comprendre comment un orphelin affamé et porteur d'un si lourd handicap psychologique a pu générer un tel élan d'adhésion à ses idées, nous devons encore explorer deux aspects de sa personnalité si complexe.

---

376. KRETSCHMER (Ernst), *op. cit.*, p. 258.

CHAPITRE CINQ
LA FILIATION COMPLEXE DE MAHOMET

Tout au long de sa vie, Mahomet semblait développer un soin particulier à cultiver des rapports problématiques avec la filiation, les modèles d'identification et les lois communes à respecter.

Adulte, il parut combler quelque peu son manque de parents en s'inventant une ascendance prestigieuse : « Depuis que j'ai été dans la moelle d'Adam, les nations, à toutes les générations, n'ont cessé de vouloir s'attribuer ma naissance. En fait, je descends des deux meilleures lignées chez les Arabes : Hâchim et Zuhra. »[377] Il parlait également de son « père Abraham »[378], de son « ami et frère Moïse »[379] et son « frère Jésus »[380]. Il se comparait volontiers à tous les prophètes (Moïse, Abraham[381], Noé, Houd, Çâlih, Loth, Chu'aïb), en particulier au sujet de l'incrédulité

---

377. HICHÂM (Ibn), *op. cit.*, p. 42.
378. HUSSEIN (Mahmoud), *op. cit.*, tome II, p. 85.
379. *Ibid.*, tome II, p. 49.
380. *Ibid.*, tome II, p. 85.
381. Voir notamment *Le Coran, op. cit.*, p. 401.

que leur message commença par rencontrer[382]. Quand il parlait d'eux, « à chaque instant on y [apercevait] ou on y [soupçonnait] des traits qui [s'appliquaient] à Mohammad et à sa situation »[383]. Dans ces récits coraniques, extraits de ses révélations intérieures, « des interlocuteurs différents s'adressent la parole »[384]. Il ne cessait de dire « nous » quand il évoquait les actions attribuées à Dieu[385], et vantait sans cesse les exploits supposés de ce dernier[386]. De manière étonnante, il interdit l'adoption[387].

Symétriquement, sa propre paternité se révéla problématique : « Une des choses qui lui étaient le plus sensibles, si étrange que cela puisse nous paraître, c'était d'être privé d'héritiers mâles. C'était là une honte chez les Arabes comme chez les Sémites en général, et on désignait les hommes qui en souffraient par le nom d'*abtar*, ce qui signifie à peu près "mutilé, amputé". »[388] Maxime Rodinson parle encore du « malaise d'homme ridiculisé pour sa stérilité en mâles [...] »[389] Il combla en partie cet autre manque en adoptant son jeune cousin 'Alî et un esclave offert par sa femme, un certain Zayd[390]. Très curieusement, dans ses révélations, il s'entêta à nier un point particulier de la tradition biblique, qui voyait en Jésus le « fils »

382. *Ibid.*, sourate XXVI, pp. 450-461.
383. RODINSON (Maxime), *op. cit.*, p. 153.
384. *Ibid.*, p. 162.
385. Voir notamment *Le Coran, op. cit.*, p. 479.
386. *Ibid.*, pp. 502 et 511.
387. HUSSEIN (Mahmoud), *op. cit.*, tome II, pp. 371 et 373.
388. RODINSON (Maxime), *op. cit.*, p. 78. Voir aussi pp. 75 et 80.
389. RODINSON (Maxime), *op. cit.*, p. 80.
390. *Ibid.*, pp. 75-76.

de Dieu[391] – comme s'il ne supportait pas qu'un de ses pairs ait un père, et pas lui.

Il précisait qu'il n'était pas le « père des croyants »[392], avec une mauvaise foi qui apparaissait quand il élevait dans le même temps ses épouses au rang de « mères des croyants »[393]. Il adoptait de toute façon une attitude très infantilisante avec ses « soumis »[394]. Il leur ordonnait même de le préférer à leurs propres parents : « Nous avons recommandé à l'homme d'être bon envers son père et sa mère ; mais s'ils te contraignent à m'associer ce dont tu n'as aucune connaissance, ne leur obéis pas. »[395]

Corrélativement à ces flottements sur son identité et son statut filial, Mahomet paraissait nourrir un rapport très ambigu aux lois.

D'un côté, il avouait ne rien inventer[396] et reprendre les récits de la Bible[397], ce que confirment les historiens[398]. Il disait : « Oui, le Coran est une Révélation du Seigneur des mondes ; L'Esprit fidèle est descendu avec lui sur ton cœur pour que tu sois au nombre des avertisseurs – c'est une Révélation en langue arabe claire. Ceci se trouvait déjà dans les Livres des Anciens. N'est-ce pas pour eux un Signe que les docteurs des fils d'Israël le reconnaissent ? »[399] Il reprenait les lois

---

391. Voir notamment *Le Coran, op. cit.*, pp. 128, 166, 355 et 398.
392. *Ibid.*, p. 520 ; HUSSEIN (Mahmoud), *op. cit.*, tome II, p. 373.
393. *Le Coran, op. cit.*, p. 514.
394. *Ibid.*, p. 606.
395. *Ibid.*, p. 488.
396. *Ibid.*, pp. 623 et 627 ; HICHÂM (Ibn), *op. cit.*, p. 407.
397. *Le Coran, op. cit.*, pp. 282, 297, 393, 555 et 649.
398. RODINSON (Maxime), *op. cit.*, pp. 109, 190-191.
399. *Le Coran, op. cit.*, p. 461. Voir aussi p. 60.

bibliques, comme le pardon chrétien[400], le devoir d'aide aux pauvres[401], la condamnation de l'avarice[402] ou le talion juif[403]. Le premier serment d'al-'Aqaba fait par douze Ansârs à Mahomet confirmait cette conformité : « Ils jurèrent de n'associer aucun dieu à Dieu, de ne pas voler, de ne pas commettre d'adultère, de ne pas tuer leurs enfants, de ne pas se parjurer, de ne pas désobéir au Prophète en suivant le droit chemin. »[404] Mahomet empruntait encore le système de la Bible, avec la Genèse[405], l'Éden avec sa pomme[406], la Résurrection[407], le paradis, la conception du bien[408], la notion de « bonne nouvelle »[409], etc.

D'un autre côté, Mahomet changeait les lois bibliques, pour différentes raisons. « Notre Prophète est venu à vous. Il vous explique une grande partie du Livre, que vous cachiez. Il en abroge une grande partie. »[410]

D'abord, il tranchait des contradictions de la Bible (en particulier entre l'Ancien et le Nouveau Testament) : « Vous ne pouvez pas être musulmans et prétendre que Dieu a un fils ni adorer la croix

---

400. *Ibid.*, pp. 9, 59, 90, 206, 577 et 602.
401. *Ibid.*, p. 647 ; HUSSEIN (Mahmoud), *op. cit.*, tome II, pp. 83 et 108.
402. Voir notamment *Le Coran, op. cit.*, p. 99.
403. *Ibid.*, p. 602.
404. HUSSEIN (Mahmoud), *op. cit.*, tome I, p. 497.
405. Voir notamment *Le Coran, op. cit.*, pp. 187, 447 et 500.
406. *Ibid.*, p. 181.
407. *Ibid.*, p. 325.
408. *Ibid.*, p. 602.
409. *Ibid.*, p. 463.
410. *Ibid.*, p. 128.

ni consommer du porc. »[411] De même, il autorisa à nouveau le divorce interdit par Jésus[412].

Ensuite, il pouvait changer ces lois par manque de connaissance de la Bible. Les intellectuels juifs de Médine ne pouvaient se résoudre à « [...] consacrer ce qui leur semblait être les élucubrations incohérentes d'un ignorant, il était difficile de ne pas souligner les déformations qu'avaient subies les récits de l'Ancien Testament dans le Coran, les anachronismes et les erreurs dont celui-ci était rempli »[413]. Pour parer aux critiques des juifs, Mahomet prétendait « rendre toute sa pureté » à leur propre religion[414].

Il pouvait encore modifier implicitement les lois bibliques par adaptation aux coutumes arabes.

Enfin, et c'est le plus important, Mahomet modifiait les lois de la Bible selon les circonstances particulières et son intérêt personnel. Nous avons déjà vu qu'il fit changer la direction de la prière (*qibla*) pour avoir été personnellement vexé par les juifs[415]. Il modifia les dates de jeûne juif, ne suivit plus leurs modes vestimentaires et capillaires suite à leurs critiques[416]. Il déplaça pour des raisons semblables le jour d'interruption du négoce à vendredi[417]. Dans l'intérêt d'une bataille, il était prêt à déculpabiliser

---

411. RODINSON (Maxime), *op. cit.*, p. 186.
412. Voir notamment *Le Coran, op. cit.*, p. 700 ; HUSSEIN (Mahmoud), *op. cit.*, tome II, p. 212.
413. RODINSON (Maxime), *op. cit.*, p. 192. Voir encore pp. 86, 152 ct 218.
414. Voir notamment HUSSEIN (Mahmoud), *op. cit.*, tome II, p. 66.
415. *Ibid.*, p. 109.
416. Voir notamment RODINSON (Maxime), *op. cit.*, pp. 202-203.
417. Voir notamment *Le Coran, op. cit.*, p. 694.

le meurtre « Ce n'est pas vous qui les avez tués ; mais Dieu les a tués »[418] ; à s'autoriser le combat contre les polythéistes mecquois durant les mois sacrés[419], avec bien sûr une « bonne raison » descendue du ciel : « Ils t'interrogent au sujet du combat durant le mois sacré. Dis : "Combattre en ce mois est un péché grave ; mais, écarter les hommes du chemin de Dieu, être impie envers lui et la Mosquée sacrée, en chasser ses habitants, tout cela est plus grave encore devant Dieu." »[420] De même, nous avons vu que Mahomet autorisait à mentir pour permettre de tuer par traîtrise[421]. Quand il manqua ponctuellement d'eau, il autorisa les ablutions avec le sable[422].

Il atteignait des sommets quand les femmes étaient impliquées. Il décrétait des lois personnelles sur ses propres épouses[423], s'autorisait à « prendre » les femmes qu'il voulait[424] ou à satisfaire ses besoins sexuels quand bon lui semblait, avec une image d'une rare légèreté, que la gent féminine appréciera : « Vos femmes sont pour vous un champ à labourer, allez au labour comme il vous plaira. »[425] Dieu, dans son infinie

418. *Ibid.*, p. 214.
419. Voir notamment RODINSON (Maxime), *op. cit.*, p. 195 ; HUSSEIN (Mahmoud), *op. cit.*, tome II, pp. 99, 106 et 107.
420. *Le Coran, op. cit.*, p. 41.
421. Voir notamment HUSSEIN (Mahmoud), *op. cit.*, tome II, p. 203.
422. *Ibid.*, p. 100 ; *Le Coran, op. cit.*, p. 100.
423. *Ibid.*, p. 518.
424. Voir notamment HUSSEIN (Mahmoud), *op. cit.*, tome II, p. 207 ; *Le Coran, op. cit.*, pp. 521-522.
425. HUSSEIN (Mahmoud), *op. cit.*, tome II, p. 81 ; *Le Coran, op. cit.*, p. 43.

mansuétude, lui dédia encore une petite douceur personnalisée : « Ô toi, le Prophète ! Nous avons déclaré licites pour toi les captives... ainsi que toute femme croyante qui se serait donnée au Prophète. »[426] Dieu exigea aussi un respect tout particulier dû par les musulmans aux femmes d'un certain Mahomet[427]. Enfin, dans la délicate affaire où la jeune Aïsha fut soupçonnée d'infidélité, Dieu arrangea le coup en exigeant pas moins de quatre témoins d'adultère[428], ce qu'on ne trouve pas sous le sabot d'un cheval. Il ajouta l'interdiction de calomnier les femmes honnêtes[429].

Mahomet ne limitait pas sa propre insoumission à la Bible. Il détournait aussi copieusement les coutumes et mœurs arabes. Nous pouvons évoquer ces dernières comme suit : « L'essentiel était de ne pas toucher au rituel ancestral, de ne pas abandonner les divinités adorées par les ancêtres et, enfin, de garder les valeurs morales qui avaient fait la grandeur des Arabes : le code de l'honneur, la générosité, l'hospitalité, la fidélité à la parole donnée, la bravoure au combat, etc. Un mot exprime toutes ces qualités : *murû'a*, la qualité de l'homme accompli (un peu la *virtus* des Romains). »[430] « En réalité, les membres de ces tribus dispersées, errantes, faméliques, terriblement anarchiques, cherchaient à se conformer à un idéal moral qui leur était propre et dans la formation duquel la religion

---

426. HICHÂM (Ibn), *op. cit.*, p. 401 ; *Le Coran, op. cit.*, p. 521.
427. Voir notamment RODINSON (Maxime), *op. cit.*, p. 232.
428. Voir notamment RODINSON (Maxime), *op. cit.*, p. 237 ; HUSSEIN (Mahmoud), *op. cit.*, tome II, pp. 389 et 396.
429. *Le Coran, op. cit.*, p. 432.
430. HICHÂM (Ibn), *op. cit.*, p. 34.

ne jouait aucun rôle. L'homme modèle était doué au plus haut point de la qualité qu'on appelait *morouwa*, c'est-à-dire étymologiquement "virilité". Elle comportait le courage, l'endurance, la fidélité à son groupe et à ses obligations sociales [...] »[431] « [...] dans le cadre de la vie sociale traditionnelle arabe, héritée des lois du désert, il était impossible d'échapper au cycle infernal des vendettas et des contre-vendettas. Une bagarre pour un motif futile entre deux individus appartenant à des clans différents pouvait entraîner, par le jeu de la solidarité du groupe et des alliances (sans cesse modifiées) des clans entre eux, une guerre générale, désastreuse pour tous. »[432] « On admirait chez les Arabes, les hommes arrogants et insouciants, n'ayant peur de rien, prêts à sacrifier pour un rien, pour la satisfaction d'un beau geste, leur vie et leurs biens, sans penser aux conséquences. Qu'importaient les contingences comme la ruine et la misère de leur famille ! Il était beau de se laisser aller à une passion après une autre, de courir à la mort pour venger la plus petite insulte, de mépriser ouvertement les disgraciés par la nature ou la société [...] »[433]

Ici encore, Mahomet modifia ces lois implicites pour différentes raisons.

D'abord, il imposa les lois bibliques. « La voix d'En Haut ne lui recommandait que des vertus morales globales : charité, piété envers Dieu, réserve relative dans la vie sexuelle, honnêteté, etc. [...] Mohammad

---

431. RODINSON (Maxime), *op. cit.*, p. 38.
432. *Ibid.*, p. 172.
433. *Ibid.*, p. 158.

opposait la présence de Dieu. Oui, Dieu était là et cela changeait tout. Dieu existait et prenait soin des hommes, même des plus humbles, il ne voulait pas de ces incartades asociales, dédaigneuses des intérêts de la tranquillité, de la vie même des autres. Le croyant, avant tout, devrait prendre la vie sérieusement, la penser en fonction des autres, du Bien, des exigences de Dieu. [...] Rien n'était plus stigmatisé que la moquerie ou la négligence. Le courage, la générosité devaient être raisonnables. On avait exalté ceux qui n'avaient peur de rien. Mais il fallait avoir peur. Oui, si choquant que cela pût paraître à des gens élevés dans cette optique, il fallait avoir peur de Dieu. Il fallait laisser le plus possible la vengeance à Dieu qui ne manquerait pas de l'exercer dans l'Autre Monde avec des précautions souvent dédaignées par les hommes. »[434] Parmi d'autres changements de la morale arabe par les lois issues de la Bible, nous pouvons évoquer le rejet de l'infanticide[435], le refus de l'adoration paganique des arbres sacrés au nom de Moïse[436], ou encore plus prosaïquement la simple exigence, par imitation des juifs, de se laver les fesses après les besoins ![437] Ces changements d'us n'allaient pas sans résistance : « Lorsqu'on leur dit "Conformez-vous à

---

434. *Ibid.*, pp. 158-159.
435. Voir notamment *Le Coran, op. cit.*, pp. 172 et 344 ; HUSSEIN (Mahmoud), *op. cit.*, tome I, p. 497.
436. Voir notamment HICHÂM (Ibn), *op. cit.*, p. 349.
437. Voir notamment HUSSEIN (Mahmoud), *op. cit.*, tome II, p. 188.

ce que Dieu a révélé", ils répondent : "Non !... Nous suivons la coutume de nos pères." »[438]

Ensuite, Mahomet détourna les lois arabes de vendettas vers l'extérieur. « [...] il a préconisé et obtenu l'adoption de mesures propres à éviter l'enchaînement sans fin des vendettas et des contre-vendettas. [...] Il est impliqué qu'aucun Croyant ne pourra faire obstacle, pour des raisons de parenté ou d'amitié, à l'accomplissement de la justice. [...] Mohammad, inspiré par Allah, a donc obtenu l'adoption de mesures pour la paix interne dans l'intérêt de tous. »[439]

Enfin, nous retrouvons ses modifications de lois à des fins personnelles, qui dérogeaient aussi bien aux canons bibliques qu'aux coutumes arabes. Il interdisait de renvoyer aux incrédules les croyantes émigrées[440], ce qui allait dans le sens de son communautarisme[441]. Il encourageait à aider les orphelins dont il avait lui-même fait partie[442]. Suite à la plainte de femmes qui devaient épouser contre leur gré les héritiers de leur mari, Mahomet reçut de Dieu une loi spéciale pour changer la coutume arabe[443]. Pour un certain Safwân qui se plaignait du jeûne volontaire de son épouse qui l'empêchait de se nourrir quand il avait faim, Mahomet inventa la loi selon laquelle

---

438. *Le Coran, op. cit.*, p. 31.
439. RODINSON (Maxime), *op. cit.*, pp. 186-187.
440. Voir notamment *Le Coran, op. cit.*, pp. 689-690.
441. *Ibid.*, pp. 135, 430 et 691 ; HUSSEIN (Mahmoud), *op. cit.*, tome II, p. 80. Les juifs chassés de Médine : RODINSON (Maxime), *op. cit.*, p. 226.
442. Voir notamment *Le Coran, op. cit.*, p. 756.
443. Voir notamment HUSSEIN (Mahmoud), *op. cit.*, tome II, pp. 272-273.

une femme ne pouvait jeûner sans l'autorisation de son mari[444]. D'une manière générale, quand nous parcourons l'histoire personnelle de Mahomet, « nous revivons les circonstances dans lesquelles de multiples versets ont été révélés au Prophète, dans le cours même de son combat, bien souvent en réponse à une attente ouvertement exprimée par lui, ou à de pressantes questions posées par ses compagnons »[445].

L'exemple de la fameuse interdiction de l'alcool est révélateur. Mahomet s'y reprit à trois fois avant de l'interdire définitivement[446]. La deuxième fois, il eut une révélation juste après qu'un de ses compagnons fut trop éméché pour dire la prière. L'interdiction demeurait partielle : « Vous qui croyez, n'approchez pas la prière en état d'ivresse, pas avant de savoir ce que vous dites... »[447] Il fallut attendre que l'un de ses oncles, rond comme une pelle, massacre d'innocents chameaux, pour que Mahomet bannisse le vin définitivement et en toutes circonstances[448].

En résumé, Mahomet ne créa aucune loi de lui-même. Il déforma celles qui existaient déjà, soit pour cause de contradictions, internes à la Bible ou avec les coutumes arabes, soit pour ses besoins personnels selon les aléas contextuels. Il avait autant de mal à se plier à des lois externes que de facilité à

---

444. *Ibid.*, tome II, p. 400.
445. *Ibid.*, tome II, « Introduction », p. 20.
446. Voir notamment *Le Coran, op. cit.*, pp. 41, 100 et 143 ; HUSSEIN (Mahmoud), *op. cit.*, tome II, pp. 23, 209-211.
447. *Ibid.*, tome II, p. 210 ; *Le Coran, op. cit.*, p. 100.
448. Voir notamment HUSSEIN (Mahmoud), *op. cit.*, tome II, pp. 210-211 ; *Le Coran, op. cit.*, p. 143.

imposer aux autres les généralisations de ses désirs personnels.

Nous devons à présent tenter d'expliquer les problèmes que rencontrait Mahomet dans ses rapports aux lois, à la filiation et à ses modèles d'identification.

Enfant, Mahomet connut vraisemblablement des rapports conflictuels avec ses éducateurs, qu'il devait à la fois aimer et détester. Les psychologues nomment cet aspect contradictoire l'« ambivalence pulsionnelle ». Il devait haïr ceux qui ne le nourrissaient pas assez, l'abandonnaient, voire le battaient. Il rechigna sans doute à supporter les dures lois arabes, qui devaient voir en lui la cinquième roue du carrosse, en tant qu'orphelin adopté. Comme nous l'avons vu, la pitié n'était guère encouragée. Le moi du jeune Mahomet brimé dut se « préfissurer » en deux : pour supporter ce monde agressif, il s'échappait dans ses rêveries. Il devait se parler à lui-même comme Jeliza-Rose, l'enfant héroïne du film atypique de Terry Gilliam, *Tideland* (2005), qui s'adresse aux têtes de quatre poupées sans corps, qu'elle dispose au bout de ses doigts. Celle-ci a perdu sa mère, et va rejoindre à la campagne son père héroïnomane qui s'avère également très mal en point. La situation réelle se révèle aussi insupportable que devait l'être celle de Mahomet enfant.

Freud remarque que la perte précoce d'un père, comme ce fut le cas pour Nietzsche, peut engendrer l'aspiration à tout ce qui est grand et sublime dans la nature – mécanisme qu'il retrouve dans un texte d'*Ainsi parlait Zarathoustra*, « Avant le lever du soleil »[449]. Mahomet dut constituer dans son jeune esprit un « idéal du moi » exigeant, élevé, que les personnes réelles de son entourage ne pourraient que décevoir... Dans la mesure où « [...] ce qui ne [...] tue pas [...] fortifie »[450], sa personnalité en sortit raffermie, frustrée, mais structurée, avec une solide volonté et une bonne réserve d'agressivité contenue, aspirant à la rébellion.

Jeune adulte, Mahomet épousa une femme âgée, qui devait symboliquement le soulager quelque peu de son manque de mère. Provisoirement, il se soumit aux coutumes locales. Mais son impuissance à engendrer des héritiers mâles représentera pour lui une frustration supplémentaire. Ces fils lui auraient permis d'inverser le rapport filial défavorable de son enfance. Son imagination si aiguisée dut lui apparaître comme un moyen de refuge durant ses isolements ascétiques, auprès de ces êtres lointains, idéalisés, qu'étaient les prophètes des livres anciens. Cette terrible aspiration au ciel lui coûta cher.

Son moi se fissura. Soudain, ces êtres idéalisés firent irruption en lui-même. Mahomet s'identifiait à eux, du moins dans ses révélations. Tout lecteur intéressé par une histoire se retrouve dans les protagonistes. Mahomet poussa ce processus normal jusqu'à ses limites : ces personnages bibliques s'imposèrent sans

---

449. Voir FREUD (Sigmund), *Remarques psychanalytiques sur un cas de paranoïa (Dementia paranoides) décrit sous forme autobiographique* (texte intitulé « Le président Schreber ») (1910), *in Œuvres complètes. Psychanalyse*, Paris, PUF, 1993, tome X, p. 277.
450. NIETZSCHE (Friedrich), *op. cit.*, tome VIII, « Maximes et traits », § 8, p. 62.

doute à lui comme véritable seconde identité. Il se prenait pour eux. Il se sentait appartenir à la famille des prophètes. Il trouvait une famille d'adoption, à la hauteur de ses exigences, hors de son clan ou des personnes réelles qui auraient traumatisé son enfance. Lors de ces crises, il se transportait littéralement dans ces histoires passées, ou plutôt il les importait dans son esprit, qui se fendait pour leur laisser une place.

Comment se nourrissait cette seconde identité ? À partir des connaissances religieuses qu'il avait glanées jusqu'à quarante ans, auprès des chrétiens et juifs qu'il avait pu côtoyer, par ouï-dire. Cette identité intruse avait accaparé toute sa mémoire religieuse, pour la lui resservir sous forme d'impératif « divin ». Il prétendait systématiquement devoir « obéir » à cette voix. Freud y verrait sans aucun doute un « surmoi », ou « conscience morale », tout à fait détaché de son moi. Ces prophètes intériorisés prirent leur indépendance dans l'esprit de Mahomet, et même le pouvoir sur sa première identité. Ils représentaient vraisemblablement les éducateurs de son enfance en tant qu'il les aimait, ou peut-être qu'il les aurait aimés. Ils lui donnèrent des ordres exigeants.

Plus tard, Mahomet tâcha de devenir symboliquement un père en donnant des ordres à ses contemporains, qu'il haïssait inconsciemment. Il s'efforçait de remplacer leurs coutumes par les lois bibliques de ses parents idéaux. Il aimait ceux qui lui obéissaient, qui devinrent les « bons », et détestait ceux qui ne croyaient pas en lui, les Quraych « insoumis ». Il renvoyait l'amour/haine reçu à l'enfance sur sa descendance symbolique, adoptée en quelque sorte. Il avait entretenu un rapport hiérarchique très problématique avec ses (faux) parents. Il connut ensuite une relation conflictuelle avec ses (faux) enfants (adoptifs), à savoir ses (in)soumis. Cette haine/amour ne s'imposait pas encore au peuple, et lui-même subissait toujours ses éducateurs passés par leur réincarnation symbolique dans ces prophètes qui lui parlaient à l'oreille.

Ce ne fut qu'au fur et à mesure de son gain de puissance politique que la première identité de Mahomet reprit le dessus. L'emprise croissante sur ses contemporains accompagnait la reconquête de sa première identité sur la seconde, intruse. Il imposa insensiblement ses lois bibliques à ses contemporains aimés autant que haïs, et dans le même temps sa première identité reprenait le dessus sur l'intrus intérieur, qui servait de plus en plus de prétexte pour réaliser ses désirs personnels.

Avec toutes ces pièces de puzzle assemblées, nous nous approchons du diagnostic complet du cas M. Celui-ci semble avoir réalisé l'exploit de développer un trouble dissociatif de l'identité sur une personnalité particulièrement paranoïaque. Nous pencherions alors pour une exceptionnelle « paranoïa dissociative », autrement dit une paranoïa qui a intégré comme délire central une seconde identité, dissociée de la première. La force de Mahomet dut consister à construire son système paranoïaque et sa vie sociale autour de cette identité surnuméraire. Il l'imposa à son peuple et finit par s'imposer à elle.

Nous pouvons avancer d'un pas en osant l'hypothèse d'un diagnostic différentiel, par comparaison avec les autres fondateurs de religion.

Dans notre précédent ouvrage, nous avions découvert en Jésus un « mégaparanoïaque », autrement dit un paranoïaque qui inventait des mythes, par projections dites « mythiques » des structures de son inconscient collectif. Mahomet n'inventait pas de mythes, il se contentait de les intégrer dans sa seconde identité pour les imposer à son peuple. En revanche, il agissait concrètement, par opposition à Jésus l'idéaliste, dont le royaume relevait d'un autre monde. Le diagnostic de ce dernier pourrait s'affiner en « mégaparanoïa de souhait », ou encore mégaparanoïa idéaliste. Là où Jésus sublimait, Mahomet se régalait (pouvoir, richesses, sexe).

Pour préciser quelque peu cette comparaison entre grands fous, nous pourrions suggérer que Mahomet représentait une certaine régression par rapport à Jésus. D'une part, il s'abaissa à une agressivité physique, et plus seulement symbolique. D'autre part, là où Jésus avait ouvert des libertés plus universelles, par rapport à un judaïsme plutôt fondé sur de simples us culturels, Mahomet se recentra sur des lois très localisées, comme l'usage du sable pour les ablutions, la prohibition de certains aliments (alcool, porc, etc.), les interdits codifiés sur l'argent, etc. Ce dernier distingua également plus nettement que son devancier la bifurcation entre l'amour, tourné vers les membres de la communauté, et la haine sans pardon, dirigée vers les « insoumis ». Il se donnait lui-même en exemple de contradiction maximale, ayant poussé la haine à ses extrêmes (meurtres, guerres, génocides). D'un côté, Mahomet semblait moins fou que Jésus. Il ne se prenait pas pour le fils de Dieu, ou ne se confondait pas avec lui. Il se présentait comme un simple prophète parmi d'autres. D'un autre côté, il était largement plus fou, en ce sens qu'il se montrait extrêmement violent et imposait ses délires par la force brutale.

En attendant d'analyser un jour Moïse dans le détail, nous pouvons avancer que sa créativité en entités délirantes (l'Éden, la Genèse, etc.) et son engagement politique nous inciteraient à poser l'hypothèse d'une « mégaparanoïa quérulente »... si tant est qu'il ait existé. Un autre diagnostic pourrait s'appliquer à Bouddha. Sa personnalité était marquée par des phases dépressives, un retrait de l'action, et une transposition de ses instances inconscientes (le moi, le surmoi, le ça) en entités métaphysiques (le moi mondain, le Soi éternel, les désirs vains). Nous inclinerions à voir en lui un « mégaparanoïaque sensitif », à titre de simple piste de recherche. Ces diagnostics à distance représentent autant de suppositions provisoires qui appellent des études complètes.

Avant de nous demander comment une telle personnalité a bien pu s'imposer dans le peuple et la postérité, voyons encore comment elle se déployait sur le plan de ses allégations, revendiquées comme « vraies », et leur rapport aux actions de Mahomet. Pour le dire autrement, examinons le contenu de vérité de son œuvre et les réalisations qui devraient en découler, de façon caractéristique.

CHAPITRE SIX
LES CONNAISSANCES PROBLÉMATIQUES DE MAHOMET

« Il ne vous a été donné que peu de science. »[451]

« La Parole, chez moi, ne change pas. »[452]

Mahomet

Quelle chance avait Mahomet ! Il possédait ce dont pourraient rêver tous les scientifiques du monde : la source exclusive du savoir absolu ! Courons nous abreuver à cette fontaine abondante, dont l'eau reste pure, c'est-à-dire sans contradictions. Comparons vite sa vérité révélée avec nos maigres connaissances actuelles, afin de les mettre à jour et de nous économiser les milliards bêtement consacrés à la recherche.

Vous pouvez fermer les yeux et vous imaginer de retour sur les bancs de l'école. Ouvrez votre cahier.

---

451. *Le Coran, op. cit.*, sourate XVII, verset 85, p. 351.
452. *Ibid.*, sourate L, verset 29, p. 645.

Commençons avec un cours de physique allégé, puisque aucune expérience n'est requise. D'emblée, on apprend que Dieu cause le tonnerre[453], la pluie[454], le vent[455], le climat[456], l'alternance du jour et de la nuit[457]. L'astronomie peut s'épargner à son tour de fastidieuses observations ou de coûteux télescopes[458] : « Dieu a élevé la voûte du firmament ; il l'a établi harmonieusement ; il a assombri sa nuit et il lui a donné sa clarté. »[459] « N'avez-vous pas vu comment Dieu a créé sept cieux superposés ? Il y a placé la lune comme une lumière ; il y a placé le soleil comme une lampe. »[460] Si vous vous demandiez comment le ciel peut rester suspendu au-dessus de nos têtes, rassurez-vous, il vous manquait seulement une petite astuce divine révélée à Mahomet : « [Dieu] a créé les cieux sans colonnes visibles ; il a jeté sur la terre des montagnes comme des piliers afin qu'elle ne branle pas et vous non plus [...] »[461] Nous poursuivons avec quelques notions essentielles de géologie. « [Dieu] a ensuite étendu la terre ; il en a fait surgir l'eau et les pâturages. Il a solidement établi les montagnes pour votre bien et celui de vos troupeaux. »[462] « Il a fait confluer les deux mers pour qu'elles se rencontrent ; mais elles

---

453. *Ibid.*, p. 301.
454. *Ibid.*, p. 192, 416 et 436.
455. *Ibid.*, p. 626.
456. *Ibid.*, p. 436.
457. *Ibid.*, p. 257 et 436.
458. *Ibid.*, pp. 499-500, 650, 706, 719, 743-744.
459. *Ibid.*, p. 740.
460. *Ibid.*, p. 719.
461. *Ibid.*, p. 506.
462. *Ibid.*, p. 740.

ne dépassent pas une barrière située entre elles. »[463] Les démographes seront rassurés d'apprendre encore que la terre est assez vaste pour permettre à tous d'émigrer[464]. D'une façon générale, Mahomet reprend cette funeste erreur de la Bible qui consiste à croire que Dieu aurait fabriqué la terre *pour* l'homme. Sans même parler d'un manifeste égocentrisme assorti d'orgueil incommensurable, cette conviction s'avère dangereuse pour la nature, qui est instrumentalisée. Elle assigne l'homme à rester dans l'ignorance, puisque dans ce système, tout est expliqué d'avance. Nul besoin de comprendre le vaste monde par des causes naturelles, il est « expliqué » par des « buts » – les intentions de Dieu.

Mahomet ignorait tout de la démarche scientifique, qui procède par hypothèses et expérimentations, en vue d'améliorer les conjectures de départ. Il pensait que « la plupart des incrédules se contentent d'une supposition. La supposition ne prévaut pas contre la Vérité »[465]. Les scientifiques se doivent encore de confronter leurs conclusions, afin de les soumettre à la critique, tandis que Mahomet partait du principe qu'il détenait la vérité certaine, les autres demeurant « [...] sans aucune science, ni direction, ni Livre lumineux »[466]. Il croyait que tout était contenu dans son livre[467] et que l'ancienneté d'un ouvrage

---

463. *Ibid.*, p. 664.
464. *Ibid.*, p. 110.
465. *Ibid.*, p. 253. Voir aussi pp. 40, 257 et 494.
466. *Ibid.*, p. 507.
467. *Ibid.*, p. 256.

constitue un gage de sa valeur[468], ce qui met à mal l'idée de progrès attaché aux sciences. Enfin, la rationalité moderne s'assortit de règles de logique, qui ne semblaient guère gêner Mahomet. Outre une extraordinaire accumulation de contradictions, que nous examinerons plus bas, il s'adonnait à ses heures perdues au raisonnement circulaire, qui s'appuie sur ce qu'il doit démontrer : « Dieu [a créé et formé harmonieusement l'homme], puis, de celui-ci, il a fait naître un couple : le mâle et la femelle. [Ce fait reste pour le moins à démontrer (*NdA*)] Celui qui a fait cela n'aurait-il pas le pouvoir de rendre la vie aux morts ? [CQFD ! (*NdA*)] »[469] Au jeu de « pile je gagne, face tu perds », Mahomet nous apprenait que les bonheurs sont un signe de Dieu... mais les malheurs aussi[470]. Sa célèbre formule *Inch'Allah*, « Si Dieu le veut », allait en ce sens : quoi qu'il advienne, Dieu l'a voulu ! C'est comme si un astrologue vous disait : « Demain, vous allez gagner au tiercé, à moins que vous ne perdiez. » Mahomet goûtait fort les lapalissades : « Les intelligents réfléchissent. »[471]

Avalons un camion et accordons-lui la possibilité de ne pas s'embarrasser des règles élémentaires du fonctionnement des sciences. Après tout, Gabriel le renseignait directement. Retournons à son école, cette fois en cours de biologie.

---

468. *Ibid.*, p. 622.
469. *Ibid.*, p. 731.
470. *Ibid.*, p. 263.
471. *Ibid.*, p. 567.

Veuillez noter, en rouge : « Si l'un de vous est malade ; s'il souffre d'une affection de la tête, il doit se racheter par des jeûnes [...] »[472] Si vous doutez que l'enfant de votre épouse soit bien de vous, rassurez-vous :

« Un homme vint voir le Messager de Dieu et lui dit :

– Ma femme vient de me donner un enfant noir.

– N'as-tu pas des chameaux venant d'une même chamelle ?

– Oui. D'une couleur brune.

– L'un d'eux n'est-il pas de couleur blanche ?

– Si.

– D'où lui vient cette couleur ?

– Peut-être d'un écart de la nature.

– Peut-être la couleur de ton fils vient-elle d'un écart de la nature. »[473]

Nous apprécions le « peut-être ».

Dans le cadre de la délicate question de l'éducation sexuelle, une réponse satisfera les plus avides des connaissances les plus fines :

« Dis-nous comment il peut se faire qu'un garçon ressemble à sa mère, alors que le liquide vient du père ?

– [...] N'est-il pas vrai que le liquide de l'homme est blanc et épais, tandis que le liquide de la femme est jaune et léger ? Celui des deux qui prévaut détermine la ressemblance. »[474]

Vous passez à la ligne, et vous soulignez que tous les êtres vivants sont sexués : « Nous avons créé un

____

472. *Ibid.*, p. 37.
473. HUSSEIN (Mahmoud), *op. cit.*, tome II, p. 312.
474. *Ibid.*, p. 56.

couple de chaque chose »[475], ce qui vous permettra de diviser les bactéries aux prochains travaux pratiques... ou pas. Après la naissance, parlons des morts, qui « [...] endurent des souffrances qu'entendent les animaux »[476], ce qui ne devrait pas vous étonner : « Ne crois surtout pas que ceux qui sont tués dans le chemin de Dieu sont morts. Ils sont vivants ! »[477] En effet, la mort survient seulement quand l'âme ou le cœur remontent au gosier ou à la clavicule[478]. Dans la mesure du possible, restez vigilant. Pour la prochaine interrogation écrite, notez parmi les constituants du corps humain : « C'est [Dieu] qui vous a créés d'argile [...] »[479]

Indépendamment des légères erreurs ponctuelles de Mahomet, sa conception générale des êtres vivants souffrait d'un vice de fond. Dans le cadre actuel de la théorie synthétique de l'évolution, le changement de la forme des êtres vivants s'explique par la sélection naturelle et les variations génétiques, autrement dit par des causes naturelles. Mahomet, au contraire, fidèle à la Bible, concevait les vivants comme créés d'un coup, dans leur forme définitive en vue d'un dessein divin, celui de servir l'homme, en oubliant au passage que nous ignorons (l'existence de) l'immense majorité des espèces. L'exemple suivant abonde en ce sens, et nous offre en plus une bien belle leçon d'apiculture : « Vous retirez une boisson enivrante et un aliment excellent

---

475. *Le Coran, op. cit.*, p. 650.
476. HUSSEIN (Mahmoud), *op. cit.*, tome II, p. 213.
477. *Le Coran, op. cit.*, p. 86.
478. *Ibid.*, pp. 515, 579, 671 et 730.
479. *Ibid.*, p. 150.

des fruits des palmiers et des vignes. Il y a vraiment là un Signe pour un peuple qui comprend ! Ton Seigneur a révélé aux abeilles : "Établissez vos demeures dans les montagnes, dans les arbres et les ruches ; puis mangez de tous les fruits. Suivez ainsi docilement les sentiers de votre Seigneur." De leurs entrailles sort une liqueur diaprée où les hommes trouvent une guérison. Il y a vraiment là un Signe pour un peuple qui réfléchit ! »[480] Mahomet, en croyant que les plantes et les animaux sont créés *pour* nourrir l'homme[481], rendait caduque la recherche en biologie. Le principe en était simple. Chaque fois qu'il voulait expliquer un fait naturel dont il ignorait fondamentalement le fonctionnement réel, il recourait à Dieu. Or, détail amusant, il expliquait tout par Dieu[482].

Freud explique la triple vexation que l'humanité eut à subir[483], pour descendre de sa conception égocentrique et dominante vers une compréhension rationnelle de la nature : l'astronomie de Galilée montre à l'homme qu'il n'est pas un maître au centre de l'univers ; la révolution darwinienne lui fait comprendre qu'il n'est pas non plus un maître au sommet de la vie ; la psychanalyse de Freud l'oblige à reconnaître qu'il n'est même pas le maître dans son

---

480. *Ibid.*, p. 331.
481. *Ibid.*, pp. 324, 413 et 719.
482. *Ibid.*, pp. 182, 333, 404, 405, 425, 437 et 617.
483. Voir FREUD (Sigmund), *Leçons d'introduction à la psycha-nalyse* (1916-1917), in *Œuvres complètes. Psychanalyse*, Paris, PUF, 2000, tome XIV, leçon XVIII, p. 295 ; *Les Résistances contre la psychanalyse* (1925), in *Œuvres complètes. Psychanalyse*, Paris, PUF, 1992, tome XVII, pp. 134-135.

propre psychisme. Comme en négatif, cette triple vexation correspond à une triple erreur de la religion, qui apparaît particulièrement bien avec le Coran : Mahomet se trompait sur l'univers, sur les vivants, et s'égarait enfin sur le fonctionnement de son propre psychisme. Dieu ne lui parlait pas, et n'avait créé ni les êtres vivants ni la terre en quelques jours pour l'humanité.

En sciences humaines, son ignorance était tout aussi patente. En psychologie, on le voyait attribuer un oubli au démon[484]. En sociologie, c'est encore par la mystérieuse volonté de Dieu qu'il expliquait la vie des peuples[485], la fin des cités[486] ou les victoires guerrières[487]. En religion, domaine dans lequel il était censé exceller, il se montrait capable de véhiculer le mythe superstitieux de la vierge Marie, absolument extérieur à Jésus[488]. Il se complaisait à inventer des citations qui n'apparaissent pas dans la Bible, comme la divinité de Marie[489] ou l'annonce par Jésus d'un prophète à venir[490], et déclenchait des doutes légitimes de la part des connaisseurs de l'époque[491].

Sur le plan philosophique, les choses s'avèrent encore plus graves. La plupart du temps, il ne présentait pas de raisons, *puisque* ses vérités étaient

---

484. Voir notamment *Le Coran, op. cit.*, p. 364.
485. *Ibid.*, p. 400.
486. *Ibid.*, p. 414 et 462.
487. *Ibid.*, p. 526.
488. *Ibid.*, p. 67.
489. *Ibid.*, p. 148.
490. *Ibid.*, p. 692.
491. Voir notamment RODINSON (Maxime), *op. cit.*, p. 202.

« révélées » (il détenait la science sans arguments[492]).
Il préférait le monothéisme au polythéisme sans la
moindre preuve[493]. Il comparait Dieu aux autres dieux
chez ses ennemis polythéistes, et vantait ses supposés
exploits en énumérant tout ce qu'il est capable de
faire, avant d'ajouter : « Existe-t-il un seul de vos
associés qui soit capable de faire cela ? »[494] Les enfants
dans la cour de récréation parlent de leur père de la
même façon. Quand il faisait l'effort de démontrer ses
propos, ses arguments étaient en dessous de tout. Il
ne cessait de répéter que Dieu est cause de tout[495], de
la terre[496], des montagnes[497], des espèces[498] de l'eau[499],
des plantes[500], des récoltes[501], des cataclysmes[502],
de la reproduction[503], des morts[504], des disettes[505],
des victoires[506], du bonheur[507], etc. Il produisait un
extraordinaire argument circulaire, en affirmant que
tout ce qui existe prouve l'existence de Dieu. Pour lui,

---

492. Voir notamment *Le Coran, op. cit.*, p. 509.
493. *Ibid.*, pp. 69, 329, 343 et 441.
494. *Ibid.*, p. 502.
495. *Ibid.*, pp. 129, 252, 299 et 470.
496. *Ibid.*, p. 643.
497. *Ibid.*
498. *Ibid.*
499. *Ibid.*, p. 644.
500. *Ibid.*
501. *Ibid.*, p. 188.
502. *Ibid.*, p. 191.
503. *Ibid.*, p. 192.
504. *Ibid.*, p. 194.
505. *Ibid.*, p. 198.
506. *Ibid.*, p. 213.
507. *Ibid.*, p. 216.

tout était signe[508]. Ce système onirique s'alimentait de projections de caractéristiques humaines trop humaines. Il attribuait une intention derrière toute chose réelle, avec les espèces utiles[509], la mer[510] et la terre[511] conçues *pour* l'homme[512] comme des « bienfaits »[513] à son service[514], l'homme placé au sommet de l'univers[515], l'astronomie pensée en termes anthropomorphiques[516], etc. Aujourd'hui, nous connaissons les graves conséquences écologiques de croyances comme « c'est [Dieu] qui a fait pour vous la terre très soumise »[517]. Ce beau système aussi fictif que circulaire s'appuyait sur un puits sans fond, puisque « tout » a une cause, *sauf* cette cause unique, Dieu lui-même. Le point d'arrivée contredit le point de départ. C'est l'affligeant raisonnement de la *causa sui*, cause de soi-même[518]. Il ne nous épargna pas non plus le très faible argument de l'homme le plus riche du cimetière : « Ses richesses et tout ce qu'il a acquis ne lui serviront à rien »[519], ce qui revient à dire que sans Dieu, la vie n'a pas de sens, *donc* il existe ! Sans parler du fait que cette croyance met au chômage tous les

---

508. *Ibid.*, pp. 195, 266, 297, 308, 345, 570 et 601.
509. *Ibid.*, pp. 450 et 587.
510. *Ibid.*, p. 618.
511. *Ibid.*, p. 264.
512. *Ibid.*, p. 429.
513. *Ibid.*, p. 664.
514. *Ibid.*, pp. 324-325.
515. *Ibid.*, p. 605.
516. *Ibid.*, p. 747.
517. *Ibid.*, p. 707.
518. *Ibid.*, p. 50 ; HUSSEIN (Mahmoud), *op. cit.*, tome II, p. 71.
519. HICHAM (Ibn), *op. cit.*, p. 123.

philosophes, car on connaît à l'avance le sens de la vie. Enfin, son fameux et fumeux fatalisme[520] engendrait un bug caractérisé sur le libre arbitre : « Que celui qui le veut prenne donc un chemin vers son Seigneur ; mais vous ne le voudrez que si Dieu le veut. »[521] Si nous ne choisissons pas, pourquoi nous demander de nous convertir ? Dieu pourrait-il condamner des personnes qu'il a lui-même conduites à mal agir ? Mahomet plongea tête baissée dans ce piège grossier : « Ton Seigneur crée ce qu'il veut, et il choisit ; il n'y a pas de choix pour les hommes. »[522]

Nous comprenons d'une certaine manière pourquoi Mahomet se montrait si chatouilleux sur les objections à l'encontre de son système : il devait sentir confusément que son prétendu savoir constituait un amas de délires oniriques, aussi avait-il suffisamment de mal à y croire lui-même sans avoir à se confronter à des critiques rationnelles. Le premier à en douter était lui-même, comme un rêveur qui doute de ce qu'il perçoit. Ce manque de confiance en soi engendrait une crispation agressive, d'autant plus qu'il faisait reposer sur ces erreurs inavouées tous ses choix de vie, jusqu'au sens même de l'existence. Les chercheurs en science demeurent sereins. Ils sont moins accrochés à leurs affirmations. Ils savent que toute connaissance digne de ce nom constitue une hypothèse toujours susceptible d'être critiquée et améliorée.

---

520. Voir notamment *Le Coran, op. cit.*, pp. 40, 155, 167, 315, 676, 682, 686 et 691 ; RODINSON (Maxime), *op. cit.*, p. 156.
521. *Le Coran, op. cit.*, p. 733.
522. *Ibid.*, p. 484.

Si Mahomet n'avait pas prétendu tout connaître, nous ne saurions reprocher un tel manque de science à un quasi-analphabète[523], qui vécut en des temps reculés dans des conditions climatiques extrêmes. Mais en plus, sa personnalité si pathologique ne pouvait guère que nous offrir de généreuses contradictions. Celles-ci étaient dues en partie à ses projections paranoïaques, qui le poussaient à reprocher aux autres ce que lui-même réalisait gaiement. Dans la foulée, Mahomet raffolait des décalages patents entre ses actions et ses ordres, ou plus généralement ses propos. Ses contradictions venaient aussi du fait qu'il n'appliquait pas les mêmes principes à ses soumis et aux « infidèles ». Elles naissaient également de ses constantes variations de lois, notamment du fait que les commandements de la Bible s'opposent entre eux ou dérogent aux coutumes arabes. Une dernière collection de belles inconséquences concernait ses propos entre eux et leur cohérence d'ensemble – ou plutôt leur incohérence d'ensemble.

Examinons ces riches possibilités, avec quelques exemples croustillants pour égayer la soupe.

À présent que nous avons fait connaissance avec les principaux traits de personnalité de Mahomet, nous sommes à même d'apprécier à sa juste valeur le fait qu'il reprochait à ses malheureux contemporains

---

523. Voir notamment HUSSEIN (Mahmoud), *op. cit.*, tome I, p. 12 ; RODINSON (Maxime), *op. cit.*, p. 72.

la haine[524], la méchanceté[525], l'homicide[526], l'orgueil[527], les promesses pour tromper[528], les promesses de paradis[529], la curieuse idée de décréter des lois[530], l'ignorance et l'insolence[531], la passion[532], les arguments faux et les moqueries[533], l'arrogance[534], le respect de la tradition[535], la violence non justifiée[536], les injures[537], le mensonge[538], le vol[539], la mauvaise application de la Bible[540], la fornication[541] (lui-même ne forniquait pas, il épousait à tour de bras, nuance), etc. Il est beau de sa part d'avoir déclaré :

« Malheur au calomniateur acerbe qui amasse des richesses et qui les compte ! »[542] Nous gardons la cerise sur le gâteau : il reprochait qu'on puisse faire des reproches[543] !

---

524. Voir notamment *Le Coran, op. cit.*, pp. 77-78.
525. *Ibid.*, p. 118.
526. *Ibid.*, pp. 10, 16 et 344.
527. *Ibid.*, pp. 180, 325, 480, 617, 625 et 727.
528. *Ibid.*, p. 348.
529. *Ibid.*, p. 330.
530. *Ibid.*, p. 338.
531. *Ibid.*, p. 345.
532. *Ibid.*, p. 359.
533. *Ibid.*, p. 363.
534. *Ibid.*, p. 507.
535. *Ibid.*
536. *Ibid.*, p. 602.
537. *Ibid.*, p. 641.
538. Voir RODINSON (Maxime), *op. cit.*, p. 228.
539. Voir notamment *Le Coran, op. cit.*, p. 745.
540. Voir notamment RODINSON (Maxime), *op. cit.*, p. 220.
541. Voir notamment *Le Coran, op. cit.*, p. 344.
542. *Ibid.*, p. 767.
543. *Ibid.*, p. 53.

Nous serons également très impressionnés en apprenant que Mahomet ordonnait de dire la vérité, lui qui mentait sans cesse, et de respecter la justice, lui qui ne suivait que ses propres règles, au besoin inventées pour l'occasion. Il exhortait également à la patience[544], à n'avoir que deux ou trois épouses[545] (lui qui se mariait à toutes les beautés qu'il rencontrait[546] et qui tua un captif pour ravir sa moitié[547]), à suivre la coutume[548] et ne pas innover[549], ne pas convoiter[550], ne pas commettre d'excès[551], ne pas désirer d'autres femmes[552], ne pas s'assujettir à sa passion[553], ne pas faire la guerre[554], s'élever vers la spiritualité[555], ne pas se venger en cas d'insulte[556], ne pas rechercher l'argent[557], ne pas commettre l'adultère, etc. Sans doute a-t-il évolué au sujet des richesses, comme tout bon parvenu qui se respecte : il dut condamner les nantis et le prêt à intérêt quand il était pauvre[558], pour se renier ensuite.

---

544. *Ibid.*, pp. 29, 81, 263 et 756.
545. *Ibid.*, p. 92.
546. Voir notamment HUSSEIN (Mahmoud), *op. cit.*, tome II, p. 51.
547. Voir notamment RODINSON (Maxime), *op. cit.*, p. 289.
548. Voir notamment *Le Coran, op. cit.*, p. 95.
549. Voir notamment RODINSON (Maxime), *op. cit.*, p. 185.
550. Voir notamment *Le Coran, op. cit.*, p. 98.
551. *Ibid.*, p. 183.
552. *Ibid.*, p. 419.
553. *Ibid.*, p. 560.
554. *Ibid.*, p. 629 ; HICHÂM (Ibn), *op. cit.*, p. 300.
555. Voir notamment *Le Coran, op. cit.*, pp. 730 et 733.
556. HUSSEIN (Mahmoud), *op. cit.*, tome II, p. 398.
557. Voir notamment HICHÂM (Ibn), *op. cit.*, p. 100.
558. Voir notamment RODINSON (Maxime), *op. cit.*, p. 267.

Comment le riche et puissant Mahomet, marié treize fois, a-t-il pu seulement affirmer : « L'amour des biens convoités est présenté aux hommes sous des apparences belles et trompeuses ; tels sont les femmes, les enfants, les lourds amoncellements d'or et d'argent, les chevaux racés, le bétail, les terres cultivées : c'est là une jouissance éphémère de la vie de ce monde [...] »[559] ? Comment osa-t-il se dire à lui-même, lui le plus grand organisateur de razzias de son temps, qu'« il ne convient pas à un prophète de frauder. Quiconque fraude, viendra avec son péché le Jour de la Résurrection »[560] ? Lui qui massacra les juifs pour cause de susceptibilité se permit de déclarer : « Que la haine envers un peuple ne vous incite pas à commettre des injustices. »[561] Lui qui convertissait par la menace, l'intérêt et la force, déclara tranquillement : « Celui [...] qui reste juif ou chrétien, on ne peut le contraindre à quitter sa religion »[562], ou plus brièvement : « Pas de contrainte en religion ! »[563] Comment put-il condamner le prêt à intérêt d'un côté en affirmant de l'autre : « À celui qui fait un beau prêt, Dieu le rendra avec abondance »[564] ? Mahomet nous a également gratifiés de la superbe affaire des palmiers brûlés, qui lui valut les reproches lucides de ses

---

559. *Le Coran, op. cit.*, p. 61.
560. *Ibid.*, p. 84.
561. *Ibid.*, p. 127.
562. HICHÂM (Ibn), *op. cit.*, p. 391.
563. *Le Coran, op. cit.*, p. 51. Voir aussi HUSSEIN (Mahmoud), *op. cit.*, tome II, p. 22.
564. *Le Coran, op. cit.*, p. 48. Voir aussi HUSSEIN (Mahmoud), *op. cit.*, tome II, p. 76.

contemporains : « Toi qui avais l'habitude de blâmer et d'interdire les destructions de biens, pourquoi donc coupes-tu et brûles-tu nos palmiers ? »[565]

Mahomet contredisait aussi ses propos en général par ses actes. Lui si lubrique et cupide, en bon paranoïaque qui ne se trouvait aucun défaut, affirma sans honte : « Dieu ne m'a pas ordonné d'amasser les trésors du monde, ni d'assouvir tous mes appétits. [...] Aussi je n'amasse ni dinar, ni dirham et je ne retiens aucun don jusqu'au lendemain. »[566] Il se disait savant[567] et demandait des preuves aux autres[568]. Heureusement, il précisa : « Dire ce que vous ne faites pas est grandement haïssable auprès de Dieu ! »[569] Son fatalisme inconséquent lui donna l'occasion d'une belle bévue : « Si ton Seigneur l'avait voulu, tous les habitants de la terre auraient cru. Est-ce à toi de contraindre les hommes à être croyants, alors qu'il n'appartient à personne de croire sans la permission de Dieu ? »[570] On pourrait croire qu'il s'agissait ici d'un sévère critique de Mahomet.

Ce dernier se contredisait aussi selon les personnes à qui s'appliquaient ses lois, qui se divisaient en trois catégories nettement différenciées : les « insoumis » ; sa communauté de soumis ; sans oublier sa modeste personne. Les mots *égalité* et *universalité* n'existaient

---

565. HICHÂM (Ibn), *op. cit.*, p. 257. Voir aussi RODINSON (Maxime), *op. cit.*, p. 226.
566. HUSSEIN (Mahmoud), *op. cit.*, tome II, p. 37.
567. Voir notamment *Le Coran, op. cit.*, pp. 463 et 496.
568. *Ibid.*, p. 622.
569. *Ibid.*, p. 691.
570. *Ibid.*, p. 262.

sans doute pas dans le vocabulaire arabe de l'époque. Dans le Coran, Mahomet balançait constamment entre un Dieu revanchard et indulgent[571], d'où un saisissant contraste entre un Dieu vengeur[572] qui aide aux massacres[573], qui autorise à tuer[574], et la formule sans cesse réitérée du « Dieu miséricordieux », qui assure le bonheur à l'intérieur de la 'Umma[575]. Il résolvait brutalement ce problème : « Dieu revient sans cesse vers le pécheur repentant ; il est miséricordieux. [...] Mais il n'y a pas de pardon pour ceux qui font le mal [...] »[576] Hélas, il y a deux poids deux mesures, comme il aimait à le reprocher[577], en ce que seuls certains pouvaient enfreindre les lois : « Mohammad commença à couper les palmiers des Nadîr. C'était là un acte répugnant à la morale arabe en vigueur [...] Mais une révélation d'Allah vint confirmer que le comportement militaire du prophète était juste. »[578] La clef de ces belles contradictions entre paroles et actes tient à ce qu'il réalisait le tour de force de croire que ses injustices à lui étaient justes, puisque Dieu les autorisait, d'où une splendide asymétrie pour les mêmes actes : « Le recours [à la punition du talion] n'est possible que contre ceux qui sont injustes envers les hommes et qui, sans raison, se montrent violents

---

571. *Ibid.*, pp. 4, 32, 33, 36 et 634.
572. *Ibid.*, p. 199.
573. *Ibid.*, pp. 79 et 84.
574. *Ibid.*, p. 108.
575. *Ibid.*, p. 75.
576. *Ibid.*, p. 95.
577. *Ibid.*, p. 276.
578. RODINSON (Maxime), *op. cit.*, p. 226.

sur la terre. Voilà ceux qui subiront un châtiment douloureux. »[579] Mahomet était coutumier des droits privilégiés que Dieu lui accordait personnellement, comme dans le cas de son rapport aux femmes[580]. Sa jalousie lui fit décréter (par Dieu, bien sûr) que personne ne pouvait se marier avec ses anciennes épouses[581]. Comment pourrait-il prétendre détenir un message universel et s'imposer au reste du monde, quand ses révélations étaient empreintes du contexte arabe (comme se laver avec du sable) ou autobiographiques (comme les lois pour ses propres épouses, lui le dernier des prophètes) ?

Le chef politique Mahomet passa son temps à inventer des lois sur mesure, de circonstance, opportunistes, pâle mélange de culture locale et d'arrangements contingents (comme nous l'avons vu au chapitre VI). Sans surprise, elles se contredisent. Il s'y reprit à trois fois avant d'interdire résolument l'alcool[582]. Il pouvait encourager l'orgueil quand son intérêt le lui dictait, comme dans ce cas où l'un de ses combattants se pavanait avec le sabre prêté par Mahomet pour inciter à la guerre : « C'est une démarche que Dieu n'aime pas, sauf dans une situation telle que la nôtre. »[583] Dans ses débuts hésitants, il admettait d'autres divinités[584]. Il contredisait souvent

---

579. *Le Coran, op. cit.*, p. 602.
580. *Ibid.*, p. 521.
581. *Ibid.*, p. 522.
582. Voir HUSSEIN (Mahmoud), *op. cit.*, tome II, pp. 210-211.
583. HICHÂM (Ibn), *op. cit.*, p. 238.
584. Voir notamment RODINSON (Maxime), *op. cit.*, p. 124.

des lois antérieures[585], en toute conscience. Certains lui demandèrent : « "Comment Muhammad peut-il ordonner à ses compagnons quelque chose qu'il leur interdit par la suite, pour leur ordonner autre chose ? Comment peut-il dire aujourd'hui ce dont il va se dédire demain ? Ce Coran n'est donc que la parole de Muhammad, des propos qui n'émanent que de lui et qui se contredisent." Alors le Très-Haut révéla : "Dès que nous abrogeons un verset ou que nous l'effaçons des mémoires, nous en apportons un autre, meilleur ou analogue." »[586] Des spécialistes actuels commentent : « Une question qui n'a cessé d'occuper les esprits concerne les versets du Coran qui ont été abrogés par des révélations ultérieures. Le fait est indiscutable, puisque signalé dans le Coran. Mais le problème est le suivant : entre deux versets contestés, on ne sait pas toujours déterminer lequel est descendu en dernier – et par conséquent lequel des deux doit être considéré comme abrogeant et lequel abrogé. »[587] Nous pourrions demander encore : si Mahomet avait vécu plus longtemps, n'aurait-il pas de nouveau changé d'avis ? Dieu hésiterait-il ? « Allah répétait ses révélations, les complétait et les modifiait. Les adversaires le faisaient malignement remarquer. Mais Allah répondait qu'il était libre de faire ce qu'il voulait et aussi bien de modifier son message. »[588] Quelle coïncidence que ces

---

585. Voir notamment HUSSEIN (Mahmoud), *op. cit.*, tome II, p. 375.
586. *Ibid.*, pp. 109-110 ; *Le Coran, op. cit.*, p. 20.
587. HUSSEIN (Mahmoud), *op. cit.*, tome I, p. 24.
588. RODINSON (Maxime), *op. cit.*, p. 161.

rectifications aient toujours abondé dans le sens des intérêts momentanés de leur humble récepteur !

Mahomet commettait des contradictions entre ses propos mêmes. « Dieu est puissant sur toute chose »[589], toutefois « créateur des cieux et de la terre, comment aurait-il un enfant, alors qu'il n'a pas de compagne, qu'il a créé toute chose et qu'il connaît tout ? »[590]

Pour promouvoir le désintérêt, il ne trouva rien de mieux qu'un marché dans notre intérêt : « Dis : "Je ne vous demande aucun salaire pour cela, si ce n'est votre affection envers vos proches." À celui qui accomplit une belle action, nous répondrons par quelque chose de plus beau encore. Dieu est celui qui pardonne et il est reconnaissant. »[591] Maxime Rodinson relève avec raison : « On sent ici déjà la contradiction entre l'aspiration humaine au salut que les prophètes et fondateurs de religion sont amenés à comprendre comme récompense et le sentiment moral qui depuis longtemps nie tout mérite à ce qui est fait dans un but intéressé. »[592]

Si « Ton Seigneur est celui qui se suffit à lui-même [...] »[593], pourquoi nous a-t-il créés ?

Mahomet nous a aussi fait don d'une confusion entre morale et justice, qui fut à l'origine du funeste mélange de genres entre religion et politique, entre le bien et le juste : « Telles sont les lois de Dieu ; ne

589. *Le Coran, op. cit.*, p. 533.
590. *Ibid.*, pp. 122 et 166.
591. *Ibid.*, p. 600.
592. RODINSON (Maxime), *op. cit.*, p. 156.
593. *Le Coran, op. cit.*, p. 171.

les transgressez pas. Ceux qui transgressent les lois de Dieu sont injustes. »[594]

Les spécialistes relèvent de graves cafouillages sur le sujet sensible du statut des femmes : « [Mahomet] s'efforce de réduire la distance entre le statut que le Coran reconnaît à la femme dans l'au-delà et le statut social qu'il lui assigne au cours de son existence terrestre. Dans une perspective eschatologique, le statut de la femme est égal à celui de l'homme, puisqu'elle doit, comme ce dernier, rendre personnellement compte de ses actes devant Dieu au Jour du Jugement, qu'elle sera individuellement sanctionnée et qu'elle méritera selon le cas l'Enfer ou le Paradis. Pour ce qui est du plan temporel, le Coran entérine cependant la place qu'occupe la femme dans le contexte de l'époque. Elle se trouve alors, vis-à-vis du père et du mari, dans le rapport d'infériorité caractéristique de la société patriarcale, en Arabie comme dans le reste du monde. »[595]

L'affaire du copiste 'Abdallâh ibn Sa'd qui prenait sous la dictée les révélations de Mahomet, et qui put changer les paroles relevées sans que son auteur trouve à y redire, laisse un malaise manifeste[596].

Pour la bonne bouche, nous noterons une contradiction fondamentale entre ce qu'il interdisait sur terre et promettait dans le ciel. Comment Mahomet put-il faire miroiter à l'infini de l'argent et des femmes au paradis quand il les condamnait sur terre ? Pourquoi

---

594. *Ibid.*, p. 44.
595. HUSSEIN (Mahmoud), *op. cit.*, tome II, pp. 16-17.
596. Voir notamment RODINSON (Maxime), *op. cit.*, p. 253.

devrions-nous faire ceinture le temps d'une vie pour ôter définitivement notre pantalon par la suite ? Le pari de Pascal[597] est mis à mal : notre vie actuelle et limitée de jouissances immorales constituerait un néant à sacrifier en face d'une éternité de bonheur à gagner, mais si celle-ci n'existe pas, notre vie devient à son tour infinie par comparaison au néant qui s'ensuit. Or la balance penche en faveur de nos jouissances actuelles si l'on prend en compte le fait qu'elles s'avèrent certaines, bien réelles, tandis que le paradis demeure pour le moins incertain. Le retournement est complet quand on s'aperçoit que le Paradis ne fait qu'amplifier les belles jouissances terrestres. Condamner ces dernières pour mieux en profiter plus tard apparaît comme la suprême contradiction.

Clôturons ce feu d'artifice de contradictions par un bouquet final : « Ne méditent-ils pas sur le Coran ? Si celui-ci venait d'un autre que Dieu, ils y trouveraient de nombreuses contradictions. »[598]

Pouvons-nous tout pardonner, même à un grand malade ?

Si son cas commence à nous apparaître clairement, un mystère s'est épaissi : comment un être aussi ignorant, incohérent, foncièrement agressif et atteint d'un grave dysfonctionnement de double identité a-t-il pu convaincre puis unifier un peuple bagarreur, et par-delà enthousiasmer des centaines de millions d'hommes ? Pour le dire encore plus crûment :

---

597. Voir *Pensées*, in *Œuvres complètes*, Paris, Éditions du Seuil, 1963, p. 591.
598. *Le Coran, op. cit.*, p. 106.

comment comprendre que d'innombrables générations aient tâché de se conformer à des lois arbitraires
et contradictoires, non respectées par leur auteur, qui
les avait reprises de vagues souvenirs et déformées
selon ses besoins au jour le jour ?

CHAPITRE SEPT
LA SOUMISSION DU PEUPLE ET LA POSTÉRITÉ

En face de Mahomet, ce personnage à peine croyable, se trouvèrent des gens tout aussi étonnants, mais pour des raisons bien différentes. Commençons par jeter un coup d'œil à leurs réactions à la survenue d'un paranoïaque quérulent dissociatif. Nous avons vu que leur premier réflexe fut, en majorité, un mouvement de rejet et d'incompréhension, suivi d'accusations de folie. Jusque-là, c'était compréhensible. Mais comment, par la suite, une minorité fut-elle convaincue, pour devenir une majorité et enfin une foule quasi unanime ?

Pour commencer, parmi les Mecquois ne se trouvaient qu'un « [...] petit nombre d'hommes, ne dépassant pas la vingtaine, qui savaient lire et écrire [...] »[599]. Si Mahomet possédait des connaissances imprécises sur la Bible, peu de personnes dans son entourage étaient à même de les vérifier.

---

599. HUSSEIN (Mahmoud), *op. cit.*, tome I, p. 449.

Ce furent d'abord les simples d'esprit ou les esprits faibles qui rejoignirent Mahomet : « Le Sénat (le *mala'*, nom du Conseil des Anciens à Mekka), les ingrats de son peuple répondirent : "Nous ne voyons en toi qu'un homme comme nous et nous ne voyons parmi tes disciples que les plus vils d'entre nous, des écervelés." »[600] « Les gens autour de lui étaient naïfs et ignorants »[601] ; « [...] il y eut des hommes et des femmes, parmi les plus vulnérables, qui crurent très tôt en Dieu et en Son Prophète »[602]. Nous reconnaissons là le même processus que Jésus avec les pauvres, ou les Frères musulmans avec les laissés pour compte. « Les humbles de condition ou d'esprit comme Khabbâb ou Bilâl tenaient l'emploi modeste, mais indispensable, de simples fidèles, d'adhérents "de base" comme nous dirions. Leur dévouement inlassable, leur totale abnégation, leur manque absolu de curiosité et d'inquiétude d'esprit, en plus des services matériels inappréciables qu'ils rendaient, en faisaient des modèles à proposer aux opposants et aux discuteurs. »[603]

Cette basse condition au sein d'un peuple déjà défavorisé permet de comprendre l'invraisemblable crédulité dont pouvaient faire preuve certains de ses proches, comme le montre l'histoire suivante : « [Mahomet] sortit haranguer ses hommes : "Tout homme d'entre vous, je le jure, qui se bat aujourd'hui contre les Quraych et meurt avec courage, face à eux,

---

600. RODINSON (Maxime), *op. cit.*, p. 131.
601. HUSSEIN (Mahmoud), *op. cit.*, tome I, p. 338.
602. *Ibid.*, tome I, p. 339.
603. RODINSON (Maxime), *op. cit.*, p. 160.

entrera au Paradis." En écoutant cette promesse, 'Umayr ibn al-Humâm, qui mangeait quelques dattes qu'il avait dans la main, s'exclama de joie : "Bakh ! Bakh ! N'y aurait-il entre le Paradis et moi que ma mort par la main de ces gens-là ?" Il jeta au loin ses dattes, saisit son sabre et se lança sur les Quraych. Il les combattit jusqu'à la mort. »[604]

À ses débuts à Médine, autant les rabbins se montraient suspicieux quant à ses connaissances, autant ses premiers fidèles étaient surtout demandeurs de lois : « Les musulmans, pour leur part, posaient quelques questions sur les pratiques licites ou interdites. »[605]

Prenons l'exemple de la naissance du fameux appel à la prière, typique du monde musulman[606]. Mahomet cherchait un moyen de synchroniser les musulmans pour la prière. « Puis 'Abd Allâh ibn Zayd al-Ansâri eut un songe, qu'il vint raconter au Messager de Dieu : "J'ai vu un homme dressé sur le mur d'enceinte de la Mosquée. Il a fait un appel à la prière, qu'il a réitéré une fois avant de s'asseoir. Au bout d'un moment, il s'est relevé pour répéter son double appel, en y ajoutant ces mots : 'La prière commence, la prière commence !'" Le Messager de Dieu dit : "Tu as eu une heureuse vision. Enseigne la formule à Bilâl. C'est ainsi qu'il appellera à la prière." »[607] Petite anecdote : en entendant ce cri, les infidèles vinrent voir Mahomet

---

604. HICHÂM (Ibn), *op. cit.*, pp. 203-204 et 233.
605. *Ibid.*, p. 183.
606. *Ibid.*, pp. 182-183.
607. HUSSEIN (Mahmoud), *op. cit.*, tome II, pp. 86-87.

pour lui dire : « Comment peux-tu agréer ce cri, qui ressemble à celui d'un chameau ? Il n'y a rien de plus laid, ni de plus grossier »[608], ce qui ne manqua pas de le vexer : « Ils considèrent votre appel à la prière comme un sujet de raillerie et de jeu. Il en est ainsi parce que ce sont des gens qui ne comprennent pas. »[609] Une fois ce rite institué, d'innombrables générations l'imiteraient sans plus jamais avoir ne serait-ce que l'idée de le critiquer.

Nous abordons là un phénomène de l'humanité profonde, comme espèce grégaire, qui consiste à s'imiter les uns les autres, en acte. Un jour, Mahomet cherchait à faire réaliser un rituel d'égorgement de chameau, mais ses simples paroles n'entraînaient pas l'obéissance... « Umm Salama lui proposa : "Commence par accomplir toi-même le rituel, ils le feront après toi." Il suivit son conseil. [...] les musulmans se pressèrent de suivre son exemple. Ils se précipitèrent tous ensemble sur les chameaux, à tel point que je craignais de les voir tomber les uns sur les autres et s'étouffer. »[610] Ce dernier point rappelle les mouvements de foule meurtriers des actuels pèlerinages à La Mecque.

Ce mécanisme de l'exemple en acte vaut tout particulièrement si une personne se présente avec des certitudes et des menaces. « 'Urwa [un représentant Quraych (*NdA*)] constata par lui-même la conduite des compagnons du Prophète : faisait-il ses ablutions,

---

608. *Ibid.*, p. 87.
609. *Le Coran, op. cit.*, p. 137.
610. HUSSEIN (Mahmoud), *op. cit.*, tome II, pp. 428-429.

tous se précipitaient pour les faire ; crachait-il, tout le monde crachait ; un cheveu tombait-il de sa tête, ils se hâtaient de le ramasser... »[611] Nous approuvons alors cette analyse : « [...] Muhammad ne cessa de répéter aux siens : "Je suis un être humain comme vous, à qui il arrive de se tromper comme vous." Mais sa parole, ses faits et ses gestes allaient, après sa mort, être pris comme références par l'ensemble des musulmans. Ils allaient constituer la deuxième source de science en islam, après le Coran, et être à leur tour mis par écrit, discutés, érigés en normes, voire sacralisés par certains. »[612] C'est en ce sens qu'une foule de rituels naquirent simplement de l'imitation de Mahomet, comme le pèlerinage avec ses règles, ses différentes stations et son cérémonial complet[613], la manière de faire ses ablutions[614], le partage du butin[615], la purification par le sable[616], la façon de sacrifier du bétail au Temple[617], le nombre de prières par jour[618], leur direction[619], etc.

La répétition des versets du Coran, des dizaines de fois par jour de préférence, produisait un effet remarquable sur ses auditeurs : « Ces retours de l'idée et du verbe, ces assonances, ces refrains obsèdent, rapprochent l'auditeur lui-même d'un état hypnotique

---

611. HICHÂM (Ibn), *op. cit.*, p. 303.
612. HUSSEIN (Mahmoud), *op. cit.*, tome I, p. 21.
613. Voir notamment HICHÂM (Ibn), *op. cit.*, p. 396.
614. Voir notamment HUSSEIN (Mahmoud), *op. cit.*, tome I, p. 315.
615. Voir notamment HICHÂM (Ibn), *op. cit.*, p. 280.
616. *Ibid.*, p. 100.
617. *Ibid.*, p. 309.
618. *Ibid.*, p. 85 ; HUSSEIN (Mahmoud), *op. cit.*, tome I, p. 316.
619. *Ibid.*, tome II, p. 109.

(Max Estman), halluciné, où il recevra, décuplée, comme en état de transe lui-même, la suggestion du verbe, du rythme, des images. »[620]

Quant aux transes de Mahomet, les gens de l'époque ne pouvaient les comprendre. Nous avons vu la complexité de son cas, qui nécessite pour être compris de recourir à tout l'arsenal psychologique d'un siècle de recherches cliniques. Si les hommes savaient dire « je ne sais pas » quand ils ne peuvent pas expliquer quelque chose, les superstitions et les religions existeraient-elles encore ? Ils ont tellement peur de l'inconnu qu'ils préfèrent tout expliquer à tout prix, quitte à se mentir, inventer des entités ridicules, des mécanismes magiques, et se créer des illusions monumentales.

Après avoir convaincu les faibles d'esprit, tiré une puissance de leur réunion, et renversé les esprits forts, mais isolés, Mahomet obtint une nouvelle configuration sociale : s'unir sous sa bannière apportait plus de bénéfices que de s'opposer à ses délires. En particulier, les parts de butin à glaner et la peur des coups en cas de résistance apparaissaient comme des arguments divins des plus convaincants.

Un autre trait profond de l'humanité grégaire est indispensable pour placer sur un piédestal un simple homme. Les gens nourrissent le besoin viscéral d'admirer. Ils semblent avides de modèles pour se guider dans la vie. Plutôt que de prendre personnellement le risque de se choisir des valeurs, la plupart des personnes se contentent de suivre aveuglément les

---

620. RODINSON (Maxime), *op. cit.*, p. 124.

normes héritées. Dès lors, le personnage qui incarne les valeurs du peuple se trouve idéalisé à un point extraordinaire. L'image que s'en font les gens entre en décalage total avec la personne quotidienne. Aujourd'hui, de nombreux présentateurs de télévision, rock stars, sportifs de haut niveau et autres hommes politiques peuvent être adulés par les foules, tandis qu'ils sont rongés par leur ego surdimensionné, alimenté par une vanité sans borne. Le déphasage entre l'estime qu'ils ont d'eux-mêmes et l'énorme pression induite par l'attente populaire ne se résout que trop souvent par la prise massive de stupéfiants propres à donner confiance ou s'oublier soi-même. Mais les gens ignorent cet aspect et préfèrent projeter leurs idéaux sur ces supports incarnés.

Chez Jésus, nous avions découvert un immense décalage entre l'homme réel et l'image que s'en font les chrétiens[621]. Cet écart s'accroît avec le temps, en oubliant toujours plus le cas originel. Dès lors, rappeler la réalité prosaïque de ce dernier finit par paraître « blasphématoire » – geste qui consiste en fait à passer du support illusoire d'un idéal sacralisé à la simple existence d'un homme. Sans doute ce dernier possède-t-il des traits de caractère exceptionnels, mais rarement dans le sens escompté. À force d'accumuler les besoins d'admiration des peuples durant des siècles, Mahomet finit lui aussi par passer pour un quasi-dieu vivant. Devons-nous rappeler les valeurs et les mœurs implicitement approuvées dans le Coran et dans les actes de Mahomet ? – Le commu-

---

621. Voir notamment JOI (Frédéric), *op. cit.*, p. 191.

nautarisme, l'antijudaïsme, le sexisme, le mensonge (d'État), l'esclavagisme, les châtiments corporels, l'instrumentalisation de la nature pour le confort des hommes, l'inféodation de la politique à la religion, l'intolérance spirituelle et scientifique, la tyrannie (au nom d'une vérité absolue et divine, avec élimination des voies divergentes), le vol en bande organisée (ou « razzia »), l'assassinat (commandité contre les opposants à la foi), le terrorisme (la conversion par la menace et la force), la guerre, le génocide, la torture, la pédophilie, l'inceste (entre cousins au moins), le viol (des captives), l'avidité du pouvoir, de l'argent et du sexe, etc.

Esquissons à présent une hypothèse sur le rapport de force obtenu entre Mahomet et ses soumis. D'un côté, nous avions un peuple qui vivait dans des conditions extrêmes, peu savant, sans direction unifiée, superstitieux, avide de rituels et de modèles idéaux à imiter, grégaire, crédule, comportant comme partout sur terre de beaux idiots du village, très infantile quant à sa soif d'obéissance, craignant naturellement les coups, ayant intérêt à s'unir malgré une agressivité ingérable dans le cadre des lois claniques, sans compter son besoin viscéral, commun à tous les humains, d'expliquer le monde, quitte à croire la première spéculation farfelue venue.

De l'autre côté, nous avions une forte personnalité, hyper agressive, avec des crises inexplicables, capable d'une haute poésie, très charismatique, répétant encore et toujours les mêmes idées avec un entêtement hors du commun, produisant des menaces physiques autant que métaphysiques, utilisant son caractère anal pour faire des calculs politiques par trop efficaces, éliminant les opposants, réduisant au silence les rares savants, se trouvant désormais impossible à réfuter, déployant une énergie extraordinaire, détournant l'agressivité et les règles claniques de ses fidèles vers des boucs émissaires extérieurs à la communauté, retournant également cette haine contre les individus eux-mêmes par mauvaise conscience, canalisant encore cette agressivité par des rituels obsessionnels, la contenant de surcroît par sa propre férocité, pratiquant des encouragements de troupes très virulents, déléguant son pouvoir à des subalternes[622] pour élargir sa mainmise, etc.

Entre les deux, nous trouvions un système d'explication global du monde très simple qui permettait d'asseoir son pouvoir sur des apparences d'absolu, constituées de mégaprojections qui avaient déjà fait leurs preuves, issues de l'inconscient collectif des prophètes antérieurs, comme la création de l'univers en vue d'un but, la colère du père, son pardon et son amour, le paradis promis comme fin des tensions psychologiques internes, l'éternité comme sortie du temps de la conscience, etc.

Nous assistions à un nouveau mariage entre fous[623], avec la dimension politique en plus. Les soumis donnèrent les clefs de leur propre geôle à leur tyran. La rencontre de Mahomet et des Arabes engendra

---

622. Voir notamment HUSSEIN (Mahmoud), *op. cit.*, tome II, pp. 100 et 282 ; HICHAM (Ibn), *op. cit.*, pp. 88, 251 et 254.
623. JOI (Frédéric), *op. cit.*, pp. 167 et suivantes.

une théocratie directe, qui confondait droit, politique, éthique et religion, tout en verrouillant à l'avance toute ouverture vers des vérités nouvelles. C'était un système clos, définitif, creuset de moult dictatures agressives à venir.

La joie d'obtenir une unité nouvelle dut sans doute faire oublier cet inconvénient. En coalisant leurs forces, les Arabes se grisèrent de pouvoir conquérir de nouvelles contrées. La triste logique de la tyrannie appelait sa sœur la conquête.

Cette unité forcée ne pouvait durer éternellement, en particulier à cause du trop grand nombre de contra-dictions initial. Les soumis devaient-ils se référer aux actes ou aux propos de Mahomet ? Et quels actes ou quels propos ? De plus, une partie des musulmans avaient honte de certains de ses « exploits », comme la pédophilie, qu'ils jugèrent plus opportun de nier purement et simplement. Les schismes et les logiques claniques revinrent fissurer cette unité inespérée.

Quoi qu'il en soit, l'énorme poids des habitudes moutonnières, l'hypnose collective par une poésie envoûtante, la sacralisation d'un homme érigé en modèle absolu par besoin viscéral de vénération et la crispation révélatrice sur la vérité de ses propos engendrèrent une immense postérité qui traversa les siècles. Nous n'en verrons pas la fin avant qu'une éducation à la science et un tant soit peu de confort matériel n'élèvent le niveau des masses.

CONCLUSION

Nous pouvons poser l'hypothèse générale selon laquelle les phénomènes mystiques et religieux dérivent d'expérimentations extrêmes réalisées sur le fonctionnement du cerveau, comme lieu du rapport entre l'esprit et le corps. Les techniques employées sont diverses : sous-alimentation, sur ou sous-oxygénation, concentration extrême, exercices physiques très exigeants, pathologies mentales comme la psychose ou les troubles dissociatifs, hypnose, transes, intoxications par des substances hallucinogènes ou autres, prises de drogues en général (du simple café, thé, cannabis ou alcool en doses excessives, aux dérivés du pavot, de la feuille de coca, etc.).

Dans ces états secondaires, que nous appellerions pathologiques, ces expérimentateurs de limites accèdent à d'autres types de pensées. Ils hallucinent, atteignent des états oniriques, font des mégaprojections, plongent profondément en eux-mêmes, déclenchent des psychoses artificielles aiguës, ressentent intensément leurs corps et le monde en déconnectant la conscience intellectuelle, etc. Ils perturbent tellement le fonctionnement de leur esprit que le psychologue a bien du travail pour y retrouver les sources réelles de leurs délires, et y mettre un peu d'ordre.

Après s'être bien retourné la tête, ils tentent de rendre compte de ce qu'ils ont vu ou ressenti, cette fois avec l'intellect, pour le faire partager. Bien souvent, ils interprètent ces états, visions et autres hallucinations auditives à partir de l'hypothèse de mondes parallèles, d'entités surnaturelles, de mécanismes irréels, etc. La complexité d'un unique cerveau humain est telle qu'il s'avère capable d'abriter plusieurs identités, voix ou personnages indépendants qui peuvent s'exprimer avec une autonomie variable par rapport au « moi » principal, si l'occasion leur en est donnée.

Ces mystiques accordent plus ou moins de crédit à ce qu'ils ont vu, et leur attribuent tel ou tel degré de réalité. Dans le meilleur des cas, ils en tirent des consignes concrètes pour vivre plus positivement leur quotidien, mieux respirer, se connaître eux-mêmes plus intrinsèquement, moins ruminer en vain, etc. Dans le pire des cas, ils se mettent martel en tête, se prennent pour des dieux vivants ou des prophètes, puis se piquent de redresser agressivement les comportements et croyances de leurs contemporains. Les plus convaincus, les plus convaincants, les plus agressifs, les plus inspirés parviennent à galvaniser leur entourage avec l'interprétation qu'ils ont faite de leurs états internes… Dès lors naissent des croyances communes, des rites collectifs, des sectes, des religions.

Tel fut sans doute Mahomet. À force de côtoyer ses limites, de manger peu, de s'isoler, d'être frustré, etc., sa conscience se fendit, laissant la place à un personnage autre en lui-même, qui empruntait ses propres connaissances sur la religion. Quand cet étranger interne apparut, Mahomet l'accueillit avec circonspection. Puis il le laissa s'exprimer, d'abord entièrement. Il fut submergé par son inconscient rebelle. Plus tard, quand le succès et la confiance survinrent, Mahomet reprit le contrôle sur cet hôte interne. Il le mit au service de son agressivité, de ses penchants pour l'argent, le pouvoir et le sexe.

Aux époques reculées où ces « mystiques » et « prophètes » déliraient, la psychologie scientifique n'existait pas. Le peuple crédule acceptait à plus ou moins brève échéance l'interprétation qu'ils faisaient de leurs états, comme des manifestations supérieures, d'un autre monde, de plusieurs divinités ou d'un seul dieu. Aujourd'hui, les psychologues expliquent ces états à partir de l'inconscient. C'est le cas pour ce président de cours d'assises, un certain Schreber, qui pensait avoir tissé un lien particulier avec Dieu, à partir de fils qui représentaient en fait ses propres pulsions[624]. Il croyait que s'il n'était pas fécondé par Dieu, le monde disparaîtrait. Il projetait le fait que si un sujet ne s'attache plus à la réalité par les liens pulsionnels, le monde disparaît à ses yeux. Ce président était interné en hôpital psychiatrique, et Freud tâcha après-coup de comprendre son cas. De même, lorsque certaines personnes ne se contrôlent

---

624. Voir FREUD (Sigmund), *op. cit.*, tome X.

plus elles-mêmes, quand des crises spectaculaires leur ôtent la maîtrise de leurs membres, de leurs idées ou de pans entiers de leur identité, les Occidentaux modernes font appel aux psychiatres. Ils parlent alors d'hystérie, de troubles dissociatifs, ou de franche schizophrénie. La compréhension scientifique a remplacé l'interprétation religieuse.

En ce sens, Mahomet nous est apparu comme un cas grave et très rare de paranoïa quérulente dissociative. À son époque, il dut composer avec le fait que les hôpitaux spécialisés n'existaient pas encore. Sa haute agressivité et son caractère très organisé rencontrèrent l'ignorance, la peur et finalement la soumission de ses contemporains. Il put leur imposer son délire et même s'en servir pour assouvir ses désirs – humains trop humains.

Nous pouvons résumer ces hypothèses à l'aide du tableau suivant. Celui-ci présente le parcours de Mahomet, tel que nous avons tâché de le reconstituer à partir des documents historiques qui révèlent indirectement son fonctionnement psychique hors du commun, et son insertion dans la trame sociale. Les flèches indiquent le sens des pressions psychologiques et sociales.

ÉVOLUTION PSYCHOLOGIQUE DE MAHOMET ET DES RAPPORTS DE FORCE AVEC LES AUTRES

Périodes Personnes en présence	(Jeune) enfant	Adolescent et jeune adulte	Quadragénaire (à partir des révélations)	Quinquagénaire (à partir de l'hégire)	Posthume
Identité principale (Mahomet)	Caractère anal mis en place ; manque de parents	Paranoïa peu développée qui s'intègre sans trop de heurts dans la société par le commerce et le mariage ; manque d'enfants mâles	Paranoïa quérulente avec délire de filiation qui entre en conflit avec la communauté ; Mahomet se soumet au message révélé et tâche en vain de l'imposer	Paranoïa quérulente dissociative avec hyperagressivité : Mahomet impose sa voix et s'impose à elle ↓	Le calife ou le chef d'État reprend et remplace Mahomet ; il se soumet au message, l'impose au peuple (et au monde)
Identité secondaire (Gabriel)	Univers imaginaire pour se réfugier	La seconde identité couve pendant que Mahomet assimile des connaissances bibliques approximatives	↑ États de transe dissociative ; Gabriel apparaît et s'impose ; identité construite à partir des connaissances bibliques ; source de doute puis de certitude pour Mahomet	Gabriel est apprivoisé et mis au service de la première identité ↓	Le Coran fait office de source de savoir absolu, mais contradictoire ↓
Communauté arabe	↑ Pression importante ; orphelin affamé (et peut-être maltraité)	= Adaptation, insertion financière et familiale ; équilibre entre Mahomet et sa société	↑ Refus de son clan ; Mahomet contraint de fuir (grotte, groupe en Abyssinie, oasis de Taïf, puis Médine)	Les Arabes se soumettent et s'unifient petit à petit	Les Arabes sont soumis et unifiés d'un côté ; mais se contredisent de l'autre (schismes et différences culturelles) ↓
	Les Arabes sont divisés en clans ; vendettas et razzias				
Autres communautés et reste du monde		Mahomet s'instruit des juifs et des chrétiens	Mahomet tâche en vain d'imposer le judéo-christianisme	↑ Puis ↓ soutien de la part des juifs ; puis rejet par Mahomet	Guerres de conquête à tous les non-musulmans

L'un des aspects les plus sensibles de cette rencontre entre paranoïaque quérulent dissociatif et peuple soumis concerne le rapport entre certitude et tyrannie. Dans la mesure où Mahomet pensait détenir des vérités en provenance directe du ciel, nous pouvons remarquer que la tyrannie commence avec la certitude. Qu'elle rencontre ensuite une absence de critique, et son règne est assuré pour longtemps. Tout le contraire préside au fonctionnement de la démocratie : comme la science, elle s'appuie sur des hypothèses toujours soumises à la critique collective et aux tests objectifs, en vue d'améliorations progressives. La religion pose des certitudes déconnectées de la réalité, qu'elle fixe et impose au peuple qui se trouve aliéné dans une psychose collective. Pour libérer celui-ci, nous comptons sur les Lumières de la raison, acquise par une éducation spécifique.

Mahomet a canalisé l'agressivité en la détournant sur les « autres » et l'individu lui-même (la mauvaise conscience devant Dieu), en l'écrasant sous la violence et l'embrigadant dans des rituels. Mais la meilleure solution pour gérer l'agressivité, la sublimation, n'est pas employée du tout. Et pour cause : Mahomet lui-même la délaissait largement. Elle consiste à élever ses pulsions vers des buts symboliques, utiles à la société. L'éducation du peuple permet de le tourner vers les idées abstraites. Nous pensons que l'humanité doit s'élever des croyances infantiles vers la connaissance adulte. La religion enferme l'homme dans un rêve où un père suprême veillerait à tout et pourvoirait à l'avance à tous ses désirs.

Nous n'appelons certainement pas à la moindre guerre contre les religions, ce qui reviendrait à tomber dans ce que nous dénonçons, l'utilisation primaire de pulsions non sublimées. Au contraire, nous souhaiterions mettre à profit leur légitime quête de sens et la transformer en effort pour comprendre le monde, pour nous y adapter harmonieusement. Nous appelons l'humanité à une guerre intérieure, en vue d'une élévation vers la raison. Nous appelons au grand midi, où l'ombre de l'erreur est la plus courte[625].

---

625. Voir NIETZSCHE (Friedrich), *op. cit.*, « Comment, pour finir, le "Monde vrai" devint fable. Histoire d'une erreur », p. 81.

RÉCRÉATION :
TESTEZ VOTRE APTITUDE À LA SOUMISSION

Vous l'aurez compris, Mahomet exige votre soumission. Vous aurez également saisi que, même avec la meilleure volonté du monde, suivre ses injonctions alambiquées n'est pas simple. C'est un problème.

Pour le résoudre, nous avons conçu ce test, spécialement pour vous. Il vous permettra de savoir dès à présent si vous méritez le paradis, en vous montrant le plus fidèle possible aux vérités révélées dans le Coran.

Ne vous ratez pas. L'éternité en enfer, c'est long, surtout vers la fin.

Question n° 1 :
À quel âge avez-vous découvert avec stupéfaction que vos parents n'étaient pas parfaits ?

    A - dès l'enfance ;

    B - à l'adolescence ;

    C - quoi ? Mes parents sont parfaits.

Question n° 2 :

Sachant que Mahomet a dit « [...] ne soyez pas au nombre [...] de ceux qui ont divisé leur religion et qui ont formé des sectes, chaque fraction se réjouissant de ce qu'elle détient »[626] :

A - vous retournez à l'islam originel, en quittant le sunnisme, le chiisme, le kharidjisme et autres courants, quitte à vous sentir bien seul ;

B - vous suivez à la fois le sunnisme, dans ses variantes hanafite, malékite, chaféite, hanbalite salafiste, hanbalite wahabite, etc., le chiisme, dans ses versions imamite ou duodécimaine, zaydite, ismaélienne alaouite, ismaélienne nizarite, ismaélienne druze, aléviste, kaysanite, etc., le kharidjisme ibadite puis mozabite, le mutazilisme, le soufisme, le mortabitisme, etc., en acceptant et n'acceptant pas le mariage de jouissance (aboli par Omar), en autorisant et n'autorisant pas les représentations de Mahomet, en imposant et n'imposant pas le niqab (qui ne laisse apparaître que les yeux), en pratiquant et ne pratiquant pas l'ascèse, en suivant Abû Bakr et Ali, en priant trois fois et cinq fois par jour, en dissimulant (*takiya*) et ne dissimulant pas votre foi en milieu hostile, en accomplissant et n'accomplissant pas le rite d'Achoura, en remplaçant et ne remplaçant pas le grand pèlerinage à La Mecque (*Haj*) par la visite des tombes des imams (*ziyara*), en frappant et ne frappant pas votre femme, en interdisant et n'interdisant

---

626. *Le Coran, op. cit.*, p. 501.

pas la musique, en coupant et ne coupant pas la main des voleurs, en considérant les imams comme faillibles et infaillibles, en faisant et ne faisant pas la prière de Tarawih à la mosquée pendant le ramadan, etc. :

C - vous laissez tomber les contradictions de Mahomet et des courants qui se réclament de lui. Vous vous inscrivez dans un club de pétanque, les règles sont plus simples.

Question n° 3 :

Si Mahomet vous dit qu'il y a sept cieux et que le soleil est une lampe que Dieu y a suspendue[627], tandis que les astronomes actuels vous démontrent que l'univers est en expansion et que la terre tourne sur elle-même :

A - vous interprétez les sept cieux comme une métaphore, sans vraiment savoir de quoi ;

B - vous partez en guerre (*jihad*) contre les astronomes ;

C - vous rigolez.

Question n° 4 :

Un verset volontairement laissé sous silence par les imams stipule : « Mieux vaut se prosterner vingt-deux fois par jour devant le Seigneur que d'oublier l'une des cinq prières qu'il a prescrites ; les insoumis goûteront l'eau bouillante de l'Enfer éternel »[628] :

---

627. *Ibid.*, p. 719.
628. *Ibid.*, p. 773, sourate CXV, verset 11.

A - vous commencez tout de suite pour avoir le temps de finir avant demain ;

B - vous utilisez votre mobile pour programmer cinq sonneries et ne jamais oublier les cinq prières prescrites ;

C - vous remplacez les génuflexions par le yoga, c'est meilleur pour la santé, surtout mentale.

Question n° 5 :

Sachant que Mahomet se maria treize fois tout en ordonnant : « Épousez, comme il vous plaira, deux, trois ou quatre femmes »[629] :

A - vous contracterez jusqu'à quatre mariages, comme il a dit ;

B - vous contracterez huit mariages et demi, dans le doute ;

C - vous choisirez en votre âme et conscience selon ce qu'il adviendra dans votre vie, en conformité avec les lois de votre pays.

Question n° 6 :

Mahomet a ordonné : « Combattez dans le chemin de Dieu. »[630] Si vous ne pratiquez pas actuellement le *jihad* (lutte, effort) par l'épée... :

A - vous considérez que les autres formes de *jihad*, par le cœur, la langue et la main, apparaissent plus satisfaisantes aux yeux de Dieu ;

B - vous pensez que Mahomet a peut-être commis une légère erreur d'appréciation sur la

---

629. *Ibid.*, p. 92.
630. *Ibid.*, p. 48.

psychologie humaine, la vérité ne s'impose pas à coups de sabre ;

C - vous considérez avoir manqué de courage jusqu'à présent, mais comptez vous reprendre sous peu et faire exploser la Maison-Blanche, ce qui aidera sans aucun doute à convertir les Américains, ces infidèles impardonnables.

Question n° 7 :

Jésus est-il le fils de Dieu ?

A - ça va pas non ? Dieu est impuissant à faire une chose pareille ;

B - oui, mais indirectement, par fécondation *in vitro*, Dieu est tout-puissant et très malin ;

C - non, Jésus est le fils de Joseph, qui a discrètement défloré Marie pendant son sommeil, elle ne s'est rendu compte de rien.

Question n° 8 :

Mahomet affirmait être un homme comme les autres et qu'à ce titre il pouvait se tromper[631]... Vous pensez que :

A - c'est l'une des rares fois où il eut raison ;

B - il était néanmoins le seul à détenir la vérité ; vous devez obéir à ses paroles divines et imiter ses actes ;

C - il se trompait seulement sur ce point, tant il dépassait infiniment tous les autres hommes.

---

631. Voir HUSSEIN (Mahmoud), *op. cit.*, tome I, p. 21.

Question n° 9 :

Mahomet prétend que l'homme vient de Dieu. Darwin affirme qu'il descend du singe. Votre opinion :

A - la Genèse constitue une simple métaphore. Peu importe par ailleurs si vous ne savez pas précisément de quoi ;

B - seul Darwin descend du singe pour pouvoir inventer une théorie pareille ;

C - quand on ignore quelque chose, on devrait avoir le courage de dire « je ne sais pas ».

Question n° 10 :

Saurez-vous changer d'avis aussi souvent que le Prophète, par exemple au sujet de la consommation d'alcool ?

A - oui, et même plus encore ; pour plaire à Mahomet, vous déciderez de ne pas consommer d'alcool pendant une décennie, puis de vous rincer les amygdales durant dix ans, cesser à nouveau pendant une décennie et vous offrir une dernière cuite avant de boire l'eau du paradis pour l'éternité ;

B - vous boirez raisonnablement de temps à autre en faisant l'effort (*jihad*) de cultiver une extraordinaire faculté de votre esprit : le libre arbitre ;

C - vous ferez confiance aux imams pour choisir la dernière révélation de Gabriel sur tel et tel sujet.

Question n° 11 :

Si un nouveau prophète survient pour affirmer que vous devez croire en Moïse, Jésus et Mahomet, mais également vous méfier des imitateurs car il est le dernier des prophètes, que faites-vous ?

A - vous suivez ce dernier prophète qui a dit qu'il serait le dernier, et vous partez en guerre contre ces mécréants de juifs, chrétiens et musulmans qui ne veulent pas croire à ce nouveau messager de Dieu ;

B - vous hésitez ; vous préférez l'original à la copie, mais ne savez plus trop où se situe l'original ;

C - vous laissez tomber ces prophètes qui s'imitent et se contredisent les uns les autres, et vous faites travailler votre raison pour décider de votre vie.

Question n° 12 :

Mahomet n'a pas imposé le *hijab* (« voile ») sur le visage des femmes[632]. Vous pensez que :

A - la femme est l'égale de l'homme, elle est libre de s'habiller comme bon lui semble, d'autant qu'elle le fait généralement avec plus de goût. Accorder la liberté aux femmes suffit pour constater qu'en plus de leur aptitude à la reproduction et l'enfantement, elles s'avèrent capables de penser, de conduire, de faire des études, de diriger des entreprises, d'assumer des responsabilités politiques, etc. ;

---

632. *Le Coran, op. cit.*, sourate XXIV, versets 31 et 60, pp. 434 et 439 ; sourate XXXIII, versets 53, 55 et 59, pp. 522-523.

B - pour éviter de faire des vagues, vous vous mêlez discrètement aux moutons de votre pays en suivant leur coutume, quelles qu'en soient la nature et l'origine, et vous apprenez à prononcer « bêêêê » sans accent ;

C - c'est faire honneur à Mahomet que de magnifier son intention initiale avec ce foulard, et dans ce but vous mettez au point une sorte de cabine téléphonique ambulante à miroir sans teint, qui permettrait à votre épouse de se déplacer librement dans les rues sans aguicher les hommes innocents avec les belles rondeurs de ses cent cinq kilos (mesurés sans la cabine téléphonique), sans comporter les inconvénients du niqab qui laisse entrevoir des yeux licencieux.

Question n° 13 :

Si Mahomet, après être passé du polythéisme au monothéisme, avait vécu assez longtemps pour changer encore d'avis, et dans une ultime crise mystique, nier l'existence de Dieu, croiriez-vous toujours à l'origine divine de sa révélation ?

A - bah non hé couillon ;

B - oui, Mahomet est le messager de Dieu ;

C - euh, bah, je sais pas, c'est chelou comme question.

Question n° 14 :

Si environ 1 % de la population est affecté de troubles dissociatifs, on peut en déduire que :

A - Dieu parle à 1 % de la population ;

B - on devrait encourager les progrès de la neuropsychiatrie pour soigner ces malheureux ;

C - Mahomet aurait su quoi faire pour les soigner.

Question n° 15 :

Quand Mahomet faisait ses ablutions, tous les soumis se précipitaient pour les faire, quand il crachait, tous les musulmans crachaient...[633] Si Mahomet s'était touché le coude avec la langue, qu'auriez-vous fait ?

A - vous auriez considéré ce fait historique comme un simple accident, et vous vous montrez assez fort psychologiquement pour ne pas vous toucher le coude avec la langue – mais éventuellement le talon ;

B - vous vous seriez touché le coude avec la langue, même si ce n'est pas donné à tout le monde ;

C - vous vous sentiriez libre de toucher n'importe quelle partie du corps à n'importe quel moment. Vous êtes comme ça. Libre dans votre tête.

Question n° 16 :

Parlons métaphysique. Si Mahomet vous dit que tout a une cause, et que cette cause unique est Dieu, votre réaction est la suivante :

A - vous êtes taquin, tant pis s'il s'énerve[634], et vous lui demandez : quelle est la cause de cette cause unique ?

---

633. HICHÂM (Ibn), *op. cit.*, p. 303.
634. Voir HUSSEIN (Mahmoud), *op. cit.*, tome II, p. 71.

RÉCRÉATION : TESTEZ VOTRE APTITUDE À LA SOUMISSION

B - vous n'y comprenez rien, mais vous accordez votre confiance à celui qui s'est penché sur la question, il est sans doute allé voir ;

C - le problème de la cause du monde vous paraît résolu, merci Mahomet.

Question n° 17 :

Comme le Prophète, vous avez un coup de foudre. Vous avez trouvé l'âme sœur, elle est belle et soumise, vous allez l'épouser, elle a :

A - six ans ;

B - déjà neuf ans, mais vous pourrez consommer le mariage sur-le-champ ;

C - dix-huit ans minimum, c'est-à-dire l'âge pour prendre une décision réfléchie.

Question n° 18 :

Concernant l'expression « *Inch'Allah* », vous pensez que :

A - c'est une simple expression culturelle qui marque l'attachement à l'Islam, inutile de la prendre au pied de la lettre ;

B - vous pouvez tout à fait la remplacer par « Si Jean-René le veut bien », l'effet est le même ;

C - vous devez impérativement la prononcer avant toute action pour avoir la moindre chance qu'elle se réalise.

Question n° 19 :

D'un côté, Mahomet autorise les mariages consanguins entre cousins germains[635], de l'autre la science nous apprend que « les mariages consanguins et surtout ceux entre cousins germains multiplient les risques de voir apparaître une anomalie »[636] :

A - dans le doute, si possible, autant s'éloigner un petit peu de la famille, Mahomet ne fait qu'autoriser implicitement ce genre de mariages, sans y obliger ;

B - vous épousez votre cousine, vous la connaissez depuis toute petite, elle était déjà jolie, c'est une bonne croyante, elle semble plus facile à séduire qu'une inconnue, on fait comme ça depuis toujours au bled, Mahomet en aurait fait autant et vos bébés seront normaux si Dieu le veut ;

C - de préférence, vous tâchez de rencontrer une femme d'une autre culture et parlant une langue étrangère, particularités qui offrent autant de richesses à transmettre à votre enfant à venir, sans parler de votre joie personnelle à découvrir une civilisation différente.

Question n° 20 :

Mahomet prétendait confirmer les prophètes antérieurs[637], comme Moïse qui interdisait le meurtre et le

---

635. Voir *Le Coran, op. cit.*, pp. 96-97.
636. DELAHAYE (Marie-Claude), *Guide pratique de la femme enceinte*, Paris, Marabout, 2000, p. 75.
637. *Le Coran, op. cit.*, sourate XLVI, « Al 'Ahaqaf », verset 12, p. 623 ; sourate XLVI, verset 30, p. 627.

vol[638], ou Jésus qui incitait à pardonner à ses ennemis[639]. Si le même Mahomet vous incitait pourtant à la guerre sainte par l'épée :

A - vous partiriez au *jihad* sabre en main, le paradis est promis aux martyrs[640] ;

B - vous partiriez au *jihad* par la parole, sans tuer personne, et vous reviendriez chez vous après avoir pardonné à vos ennemis ;

C - vous ne partiriez pas au *jihad*, et vous ouvririez un traité de logique pour vérifier quelques règles de base.

Résultats : calculez les points que vous avez gagnés, et lisez la suite pour découvrir si vous obtiendrez votre ticket pour le paradis !

	1	2	3	4	5	6	7	8	9	10	11	12	13	14	15	16	17	18	19	20
A	0	2	1	2	2	1	2	0	1	2	2	0	0	1	1	0	2	1	1	2
B	1	1	2	1	1	0	1	2	2	0	1	1	2	0	2	1	1	0	2	1
C	2	0	0	0	0	2	0	1	0	1	0	2	1	2	0	2	0	2	0	0

Vous avez plus de trente points :

Vous avez gagné. Vous êtes soumis. Les houris et les verres d'eau sont à vous. Vous adorez vous entendre dire ce que vous avez à faire, vous n'aimez pas prendre l'initiative et vous pouvez mourir en martyr pour la cause de Dieu. Vous n'avez plus qu'à espérer une vie après la mort, un gisement de pétrole sous vos terres, ou que les pays riches manquent de main-d'œuvre.

---

638. La Bible, Exode, chapitre XX, versets 13 et 15.
639. Voir notamment La Bible, Matthieu, chapitre VI, versets 14-15.
640. Voir notamment HICHAM (Ibn), *op. cit.*, pp. 203-204.

Conclusion : Priez à la mosquée ou installez-vous dans un pays dirigé par des islamistes radicaux.

Vous avez entre dix et trente points :
Vous êtes en zone dangereuse. Votre cœur balance entre le délire de masse de l'humanité-enfant et le progrès scientifique de l'humanité-adulte.

Vous avez moins de dix points :
Désolé, vous avez perdu. Vous êtes insoumis. Vous n'irez pas au paradis, d'autant moins qu'il n'existe pas. Vous osez penser librement. Vous vous entêtez à contribuer bêtement au progrès général de l'humanité par la discussion démocratique et la lente construction d'un monde meilleur, mais seulement terrestre.

TABLE DES MATIÈRES